Myriam, die Mutter Jesu

René Lejeune

Myriam, die Mutter Jesu

Deutsche Übersetzung von
Margrit Meyendriesch

Parvis-Verlag
CH-1648 Hauteville

Französischer Originaltitel:
«Myriam, maman de Jésus»
© Für die französische Ausgabe: Oktober 2001
© Für die deutsche Ausgabe: April 2002

PARVIS-VERLAG
CH-1648 HAUTEVILLE / SCHWEIZ

Telefon: ++41 (0)26 915 93 93 Fax: ++41 (0)26 915 93 99
Internet: www.parvis.ch E-mail: buchhandlung@parvis.ch

Alle Rechte, auch die des Teilabdruckes, vorbehalten

ISBN 3-907525-58-2

*Dies ist das Leben der Allerseligsten Jungfrau Maria,
wie es zum Teil durch Offenbarungen inspiriert wurde,
die vier bevorzugten Seelen zuteil geworden sind:*

Maria von Agreda (1602-1665)
Anna Katharina Emmerich (1774-1824)
Maria Valtorta (1897-1961)[1]
Consuelo (Familienmutter, die in Spanien lebt)

---

1. S. kurze biographische Angaben am Ende des Buches.

Kapitel 1

Myriams Geburt

Anna, aus dem Hause Aarons, hat keine Kinder. Sie ist schon 39 Jahre alt.

Eines Tages ist sie damit beschäftigt, ein Leintuch zu weben; sie singt dabei leise vor sich hin, und langsam fließen Tränen aus ihren schönen Augen. Wieder einmal fühlt sie sich ganz unglücklich, ihrem Gemahl nach zwanzig Ehejahren noch immer kein Kind geschenkt zu haben. Und jetzt? Ist es nicht schon zu spät, den Herrn anzuflehen, die Unfruchtbarkeit von ihr wegzunehmen? Allerdings hat sie in der letzten Nacht einen Traum gehabt, einen wunderschönen Traum: Ihr Gemahl und sie haben im Tempel von Jerusalem dem Herrn ein Kind dargestellt. Ihr Kind! Als sie wieder an diesen wundersamen Traum dachte, sind ihre Tränen geflossen.

Jetzt kommt Joachim herein. Er liebt seine Gemahlin mit großer Zärtlichkeit. Obwohl sie unfruchtbar ist, hofft er immer noch auf ein Wunder...

Als Anna ihn sieht, stößt sie einen Seufzer aus:

«Oh, Joachim!» Und sie erzählt ihm den Traum.

«Wir wollen unseren Gebetseifer verdoppeln. Der Allmächtige wird sich erweichen lassen», sagt der Gemahl.

Alle beide sind von tiefem Glauben erfüllt. Sie leben in der Gegenwart des Herrn. Joachim, der ein Nachkomme des Königs David ist, hat ständig Psalmverse auf den Lippen.

«Denk an Sara», sagt er, um sie zu trösten, da er sieht, wie die Tränen das Antlitz der Vielgeliebten benetzen. «Sie hat Isaak empfangen, obwohl sie unfruchtbar war und das Alter überschritten hatte, in welchem sie empfangen konnte. Sie war sehr viel älter als du!»

Von diesem Tag an, dem Tag dieses Traumes, bestürmen sie den Himmel aufs neue mit nie dagewesener Glut...

Einige Monate später sitzt Anna wiederum bei der Arbeit an ihrem Webstuhl. Sie singt. Ihr Antlitz strahlt. Sie ist sich jetzt sicher: Das Wunder ist geschehen!

Als Joachim vom Tempel heimkehrt, läuft sie ihm entgegen und wirft sich in seine Arme.

«Ich bin Mutter, mein Vielgeliebter!»

Die Worte brechen aus ihr hervor wie der Gesang eines Vogels beim Aufgang der Sonne...

Noch einige Monate, und Anna bringt ihr Kind zur Welt. Eine Tochter! In gemeinsamer Übereinkunft nennen sie sie «Myriam» («Die erhoben worden ist») oder auch «Stern des Meeres» (Stella Maris).

* * *

Achtzig Tage nach Myriams Geburt begeben sich die Eltern zum Tempel für den Ritus der Reinigung. Wie es die Vorschriften verlangen, opfern sie ein Lamm und eine Turteltaube. So wird die rituelle Unreinheit hinweggenommen.

Die Vorfahren Myriams

Von Anna, ihrer Mutter her, gehört Myriam zu ihren Vorfahren, genannt Essener.

Die Essener sind zuerst zur Zeit des Mose aufgetreten. Sie stammen von den Priestern ab, die die Bundeslade getragen hatten. Sie haben sich zunächst in der Umgebung der Berge Horeb und Karmel zusammengefunden. Später haben sie sich am Jordan-Ufer niedergelassen. Sie sind sehr fromm. Die meisten wählen den Zölibat. Die Vorfahren von Anna gehören dem verheirateten Zweig der Essener an. Sie erwarten im Glauben und in der Freude die Geburt des Messias. Voll Eifer beten sie, dass er bald kommen möge und flehen den Allmächtigen an, diesen Zweig aus der Wurzel Jesse aus dem Stamm ihrer geistlichen Bewegung erblühen zu lassen.

Die Großmutter von Anna war aus Mara in der Wüste, wo die Familie Güter besaß. Sie heiratet Stolanus, einen Essener. Ihre zweite Tochter, Emerentia, wird Elisabeth gebären, die Mutter von Johannes dem Täufer. Die Älteste, Ismeria, heiratet Eliud. Sie wohnen in der Umgebung von Nazareth und befolgen gewissenhaft die Regel der verheirateten Essener. Aus ihrer Verbindung wird Anna geboren, die Mutter von Myriam.

Anna verbringt ihre Kindheit in Sephoris, vier Wegstunden von Nazareth entfernt. Ihre Eltern besitzen dort Land und ein Haus, außerdem zwei Wegstunden von Sephoris entfernt bedeutende Güter. Dort verbringen sie die angenehme Jahreszeit. Anna verlebt eine glückliche Kindheit und Jugend.

Sie ist voller Anmut. Mehrere Bewerber haben um ihre Hand angehalten. Vergeblich. Schließlich zieht sie einen in einer Höhle lebenden Propheten zu Rate. Er gibt ihr den Rat, Joachim zu heiraten. Dieser Mann, klein, schmächtig und untersetzt, ist von bewundernswerter Frömmigkeit.

Als Anna den Joachim heiratet, ist sie neunzehn Jahre alt. Das erste Jahr ihrer Ehe verbringen sie in Sephoris bei den Eltern von Anna. Sieben Jahre später lassen sie sich in Nazareth nieder auf einem Besitztum, das Joachim von seinem Vater geerbt hat. Es befindet sich auf einer Anhöhe in schöner Lage zwischen dem Tal von Nazareth und dem von Zabulon, in einer hügeligen Gegend, wo es viel Wald und Weideflächen gibt. Nazareth ist anderthalb Wegstunde entfernt. Man gelangt dorthin auf einer ruhigen Straße, die von Terpentinbäumen umsäumt ist.

Im Laufe der Zeit vermehren sich ihre Güter von Jahr zu Jahr. Sie teilen ihre Herden in drei Gruppen: eine für den Tempel, eine für die Armen und eine, die sie für sich selbst behalten, so wie es den Grundsätzen der Essener entspricht: «Indem du teilst, wirst du reich werden.» Wie alle Mitglieder ihrer geistlichen Familie sind auch sie der Überzeugung, dass die Ankunft des Messias nahe bevorsteht.

Dies ist die Zeit, in der das Wunder geschieht, nachdem Anna zwanzig Jahre lang unfruchtbar war. Myriam wird geboren, und so verwirklicht sich die Vision des Elija auf dem Berge Karmel.

Nach einer langen Periode der Trockenheit hatte dieser nämlich angstvoll Jahwe angerufen. Plötzlich sieht er, wie sich am unentwegt blauen Himmel eine Wolke bildet und inmitten der Wolke das Antlitz eines jungen Mädchens, einer Jungfrau, erscheint; dann erkennt er ihre ganze Silhouette. Sie steht da mit ausgebreiteten Armen, mit einer Krone in der Hand. Danach fällt ein feiner Tau aus der Wolke, im Schein eines Regenbogens, dem Zeichen des Bundes zwischen Gott und seinen Geschöpfen.

Myriam tritt in den Dienst des Tempels ein

Die drei Jahre nach Myriams Geburt sind die glücklichsten im Leben von Anna und Joachim.

In der ersten Zeit hören sie das süße Lallen ihres Kindchens, das sich als ein Lobgesang auf den Schöpfergott erhebt. Sein erstes Lächeln hat das kleine Zimmer erleuchtet, in dem die Wiege steht. Als die Kleine zu laufen beginnt, stößt sie bei jedem Fortschritt Siegesrufe aus, um sich sodann in die Arme ihrer Mutter oder ihres Vaters zu werfen. Ihre ersten Worte «Herr/Adonai», «Mama» und «Papa» lassen an das sanfte Murmeln einer Quelle denken. In ihrem kleinen Haus herrscht die reinste Freude. Anna und Joachim können sich kein schöneres und liebenswerteres Kind vorstellen. Fast überirdisch ist seine Ausstrahlung...

Dieses überaus große Glück wie aus einer anderen Welt, ohne den geringsten Schatten, währt drei Jahre lang. Am Ende des dritten Jahres füllen sich die Augen der Mutter manchmal mit Tränen. Sie weiß, dass dieses vollkommene Glück nun bald zu Ende geht. Zusammen mit Joachim hat sie bei Myriams Geburt das Gelübde abgelegt, das Kind im Alter von drei Jahren für den Dienst im Tempel zu weihen.

Nun hat Myriam dieses Alter erreicht. Um unter die dem Herrn geweihten Jungfrauen aufgenommen und innerhalb des Tempels erzogen zu werden, muss sie sich einer Prüfung unterziehen.

Der Tag ist gekommen. Drei Priester, einer aus Sephoris, ein zweiter aus Nazareth und der dritte aus einem Dorf in den Bergen der Umgebung sind gekommen, um das Kind zu prüfen.

Lächelnd stellt sich Myriam den Priestern vor. Schön ist sie in ihrem Festkleid, eine zarte Erscheinung. Ihr blondes, an den Enden gelocktes Haar umgibt ihr Gesicht wie ein goldener Heiligenschein; ihre blauen Augen unterstreichen die Anmut ihres Lächelns.

Wenn die Priester schon von ihrer Erscheinung beeindruckt sind, so werden sie es noch mehr durch die Weisheit und ganz unwahrscheinliche Reife der Antworten, welche die Kleine ihnen auf ihre Fragen gibt. Tränen der Freude fließen über die Wangen von Anna und Joachim, die bei dieser Prüfung zugegen sind.

Am Ende der Befragung breitet der oberste der Priester die Hände aus, um Myriam zu segnen. Sodann rezitieren alle drei Priester die rituellen Gebete, auf welche die anwesenden Personen die Antworten sprechen. Außer den Eltern sind dort die nahen Verwandten und einige Kinder aus der Nachbarschaft zugegen.

Einer der Priester empfängt dabei eine seltsame Eingebung: «Dieses Kind», sagt er sich, «ist das auserwählte Gefäß, aus welchem der Messias geboren werden wird!» Aber er bewahrt das Geheimnis in seinem Herzen...

Kapitel 2

Myriam, die Tempeljungfrau

Das kleine Gefolge, das Maria zum Tempel begleitet, betritt Jerusalem durch das Schaftor. Das lächelnde Kind ist mit einem tiefblauen Gewand bekleidet, mit einem gestickten Mieder und einem hellblauen Mantel. Neben ihr schreiten vier weißgekleidete kleine Mädchen, die so alt sind wie sie. Zwei der Priester, die sie zuvor geprüft haben, empfangen sie im Vorhof. Ihnen zur Seite steht eine Frau von etwa fünfzig Jahren: Noémi, die damit beauftragt ist, Myriam zu leiten und zu belehren. Sie ist den Essenern angeschlossen, wie es bei den meisten der im Tempeldienst stehenden Frauen der Fall ist.

Nun öffnen die Diener ein großes und schweres Bronzetor, zu dem fünfzig Stufen hinaufführen. Während Joachim die Tiere opfert, die vom Gesetz zum Brandopfer vorgeschrieben sind, bekleidet Anna ihre Tochter mit einem weiten blau-violetten Gewand und einem bunt bestickten Mieder und legt ihr einen großen Schleier auf das Haupt; er ist auf der einen Seite weiß und auf der anderen violett: fünf Edelsteine glänzen darauf. In einer Ecke des Vorhofs stehen kleine weiß gekleidete Knaben, die im Dienst des Tempels stehen und die auf der Flöte und der Harfe spielen...

Joachim trifft sich nun mit seiner Tochter und seiner Gemahlin vor dem Brandopferaltar. Myriam kniet sich auf die Stufen und empfängt dort den Segen ihrer Eltern. Diese sprechen einige Worte, die den Sinn ihres Opfers zum Ausdruck bringen. Zwei Leviten schreiben die Worte auf. Einer der Priester schneidet eine Locke vom blonden Haar des kleinen Mädchens ab und wirft sie in die Glut. Die Priester singen den fünfzigsten Psalm: «Der Gott der Götter, Adonai, hat gesprochen. Vom Aufgang der Sonne bis zu ihrem Untergang hat er der ganzen Erde zugerufen...» Ja, sie wird aufgerufen sein durch das göttliche Kind, das Myriam in etwa zwölf Jahren, wenn sie heiratsfähig geworden ist, zur Welt bringen wird...

Das Leben Myriams im Tempel

Zwei Priester nehmen nun das kleine Mädchen bei der Hand. Joachim und Anna haben zuvor ihr Kind an ihr Herz gedrückt, und Tränen strömen über ihre Gesichter, in welchen sich der Schmerz über die Trennung erkennen lässt. Sie werden von einer bangen Vorahnung ergriffen: Werden sie ihr Kind in dieser Welt jemals wiedersehen?

Im Inneren des Tempels steigen Weihrauchwolken zum Himmel auf; Myriam ist fast in sie eingehüllt. Den Weihrauch haben die Priester dargebracht. Nun nähert sich die kleine neu Aufgenommene einem benachbarten Raum, wo sechs Tempeljungfrauen ihr entgegenkommen und ihr ganze Hände voll Blumenblätter zuwerfen, während Myriam, wie es der Brauch verlangt, sie fragt, ob sie einverstanden sind, sie als ihre Gefährtin zu empfangen. Dann richtet sie an Noémi die Frage: «Bist auch du einverstanden, mich als deine Schülerin anzunehmen?» Da die Antworten, wie nicht anders zu erwarten war, positiv sind, führt Noémi ihre Schülerin nun in ein kleines Zimmerchen. Durch das Fenster – wie schön – sieht sie den Tempel. In dem Raum befindet sich ein Tisch und ein Schemel, außerdem je ein Gestell in den beiden Ecken, die dem Fenster gegenüber liegen.

Myriam tritt in ihre neue Welt ebenso natürlich ein, wie sie auch in das väterliche Haus in Sephoris eingetreten war. Noémi hat sehr schnell bemerkt, dass ihre Schülerin außergewöhnlich ist durch ihre Intelligenz, ihre Liebenswürdigkeit und die Anmut ihrer Stimme und ihrer Worte. Bereits im ersten Augenblick, als Myriam angekommen war, hatte sie die Intuition eines verborgenen Mysteriums...

Während der kommenden Jahre belehrt Noémi sie über die Arbeiten, welche die kleinen Mädchen im Dienst des Tempels zu verrichten haben. Myriam lernt sehr schnell, die weißen Gewänder der Priester zu säumen; sie lernt spinnen, stricken, für die Bedürfnisse des heiligen Dienstes zu weben, die priesterlichen Gewänder zu waschen und die heiligen Gefäße zu reinigen.

Bei der Arbeit singt sie meistens Psalmen. Schon bei ihren Eltern hatte sie viele Lob- und Dankpsalmen gelernt. Seit sie im Dienste des Tempels ist, hat sie ihre Seele bereichert und den Schatz der Texte der Heiligen Schrift erweitert, und nun sind sie in ihr Herz und in ihr Gedächtnis eingegraben gleich goldenen Buchstaben, die in Marmor gemeißelt sind. Diese heiligen Lieder zu singen, während sie gleichzeitig die ihr angewiesenen Arbeiten verrichtet, das ist ihr Lieblingsgebet.

Als Myriam fließend zu lesen gelernt hat, bemerkt Noémi oft, wie sie eine Schriftrolle in der Hand hält, die sie sich in der Bibliothek des Tempels ausgeliehen hat, und wie sie einen neuen Psalm auswendig lernt oder den Text eines jener wundervollen Gebete, von denen die Heilige Schrift überfließt. Indem sie diese Reichtümer entdeckt, ist ihre innere Bewegung oft so stark, dass Tränen aus ihren schönen blauen Augen fließen...

Ihr ganzes Wesen strahlt eine solche Weisheit aus, dass mehrere Priester darin ein Zeichen der Auserwählung erkennen. Sie waren immer der Auffassung gewesen, dass die Frau, die einmal den Messias zur Welt bringen sollte, unter den kleinen Tempeldienerinnen auserwählt würde. Sollte Myriam nicht jene Jungfrau sein, die dem Propheten Elija nach einer langen und unheilvollen Trockenheit in einer Wolke erschienen war, mit ausgebreiteten Armen und einer Krone in der Hand? Könnte sie es nicht sein, die dem Volke Israel den so sehr erwarteten Messias schenken würde, nach einer so langen Zeit des Leidens und der Trockenheit, so fragten sich die besonders frommen und hellsichtigen Priester.

So sind mehr als zehn Jahre vergangen. Arbeit, Gebet und Studium der Heiligen Schrift formen den Tagesablauf. Seltsamerweise gibt es im Leben der Tempeljungfrauen keine Spiele, keinen Zeitvertreib, wie die Kinder ihn lieben. Das ist so, weil sie nach strengen Kriterien ausgewählt worden sind, wobei geistliche Werte an erster Stelle stehen; deshalb sind die gewöhnlichen Zerstreuungen dieses Alters überflüssig und sogar lächerlich.

Das Leben dieser kleinen Mädchen und der Heranwachsenden ist durch einen genauen Stundenplan geregelt; daher kennen sie keine Langeweile und nicht die schädlichen Folgen, wie sie durch den Müßiggang verursacht werden. Was in dieser Gemeinschaft besonders auffällt, ist der Eindruck des Sich-wohl-Befindens, der Ruhe und sogar der von innen her ausstrahlenden Freude. Eine glückliche Gemeinschaft an diesem Ort, der das Allerheiligste beherbergt. Die jungen Mädchen führen dieses arbeitsame und erfüllte Leben so lange, bis sie das heiratsfähige Alter erreichen. Dann verlassen sie den Tempel, um zu heiraten. Wegen ihres guten Rufes, ihres vorbildlichen Verhaltens, ihrer Kenntnis der Thora und ihrer praktischen Fähigkeiten sind sie zur Heirat sehr begehrt, vor allem in den frommen Familien.

Nun hat auch Myriam das Alter erreicht, wo sie den Tempel verlassen muss. Im Grunde ihres Herzens hütet sie ein Geheimnis.

In dieser Zeit tritt ein unerwartetes Ereignis ein, das entscheidend für ihr Leben wird. Der blaue Himmel ihrer Seele wird gleichsam von einem Blitz durchzuckt, dem ein beunruhigender Donner folgt.

Kapitel 3

Auf Anweisung des Himmels: die Heirat

Einige Jahre vorher war Myriam von einem Unglück heimgesucht worden.

Eines Tages sieht sie Noémi auf sich zukommen, mit betrübtem Gesicht:

«Mein Kind, ich habe dir eine ernste Botschaft zu überbringen.»

Sie hält einen Augenblick inne und sagt dann:

«Dein Vater ist tot.»

Myriam bricht in Weinen aus; Noémi nimmt sie in die Arme und sagt:

«Dein Vater war ein gerechter Mann», und: *«Der Herr wacht über den Wegen der Gerechten»* (Ps 1), «während ihres Lebens und nach dem Tod», fügt sie hinzu, um das Kind zu trösten.

Myriam wird also niemals mehr das so gütige Antlitz ihres Vaters wiedersehen, und niemals mehr wird sie seine so sanfte Stimme hören. Wie groß musste in diesem Augenblick der Schmerz ihrer Mutter sein! Myriam wäre so gern bei ihr gewesen. Aber ach, sie konnte ihren Schmerz nur dem Herrn anvertrauen.

Nach den Tagen des Schmerzes kommen die des Trostes, den die Zuflucht zu Yahwe Adonai der Seele gewährt. Die Gebete strömen ohne Unterlass aus dem Grunde ihres Seins. *«Der Herr ist mein Schutz und mein Schild. Der Herr gibt die Gnade und danach die Herrlichkeit für jene, deren Wandel untadelig ist. Kein Gut wird ihnen verweigert werden.»*

Myriam wiederholte für sich oft diesen Vers aus dem Psalm 83, in der Gewissheit, dass er auf ihren Vater anzuwenden sei, der jetzt in der Herrlichkeit des Herrn seine Wohnstatt hat. Die Trauer wandelt sich nach und nach in Freude...

Der Zweig, der plötzlich blüht

Myriam erreicht nun ihr vierzehntes Lebensjahr. Bald kommt die Zeit, da sie den Tempel verlassen muss, zusammen mit sieben ihrer Gefährtinnen, die auch das heiratsfähige Alter erreicht haben.

Seit Jahren schon trägt sie einen bestimmten Gedanken in ihrem Herzen; sie hat den festen und unerschütterlichen Entschluss gefasst: sie wird Jungfrau bleiben; ihr Leben soll dem Herrn geweiht sein.

Und nun verkündet ein Priester Myriam und ihren sieben Gefährtinnen den Tag, an dem sie nach Hause zurückkehren müssen. Vor der Abreise suchen die Priester, wie es der Gewohnheit entspricht, die künftigen Gatten für die acht Jungfrauen aus. Sie sind überzeugt, dass die Mutter des von den Propheten verkündeten Messias von einer der Jungfrauen geboren würde, die im Tempel erzogen worden sind. Daher suchen sie ledige Männer aus der Nachkommenschaft des Königs David.

Myriam kennt den Tag, an dem ihr zukünftiger Gemahl ihr vorgestellt werden soll. Niedergeschmettert von dieser Nachricht, die sie wie ein Schwertstoß mitten ins Herz getroffen hat, zieht sie sich in ihre Zelle zurück und vergießt bittere Tränen. Und sie bittet den Herrn, ihr zu ermöglichen, Jungfrau zu bleiben, um weiter in seinem Dienst zu stehen.

Plötzlich wird sie von starkem Durst geplagt. Sie steigt nieder an den Brunnen, um dort Wasser zu schöpfen. Als sie dort ist, hört sie eine Stimme, die von oben kommt; sie schaut sich überall um, aber es ist niemand zu sehen; dennoch ist die Stimme, wenn sie auch äußerst zart ist, gut zu verstehen. Das, was die Stimme sagt, überrascht sie; gleichzeitig aber wird sie von einem Gefühl der Tröstung und Ermutigung ergriffen: «Fürchte dich nicht, den zum Gemahl zu nehmen, der dir bezeichnet wird. Alles wird sich erfüllen gemäß deinem Gelübde, niemandem anzugehören als dem Herrn.»

Zur gleichen Zeit spielt sich im Tempel eine seltsame Szene ab: Der Hohepriester, ein heiligmäßiger Mann, liest Gebete aus einer Schriftrolle. Unter ihnen den Vers aus dem Propheten Jesaja: *«Ein Zweig wird entsprießen aus der Wurzel Jesse, und eine Blüte wird auf seinem Zweig erscheinen»* (Jes 11,1). In diesem Augenblick wird der Hohepriester im Geiste entrückt. Als er wieder zu sich kommt, liest er noch einmal diese Stelle, und plötzlich versteht er den tiefen Sinn...

Heute soll für Myriam über den richtigen Gemahl entschieden werden. Als die Bewerber sich vorstellen, gibt der Hohepriester jedem einen Zweig. Keiner der Zweige blüht, nicht einmal der eines ganz besonders gottesfürchtigen jungen Mannes aus Bethlehem.

Schon seit langer Zeit ist dieser Greis von Myriam beeindruckt, mit ihm auch mehrere andere Priester des Tempels: das ganze Wesen des jungen Mädchens ist von wundersamer Anmut; ihr Verhalten ist vorbildlich; aus jedem ihrer Worte spricht eine überirdische Weisheit. Der hervorragendste Zug an ihr ist die Demut; diese vermag indessen nicht die offensichtlichen Vorzüge der Jungfrau zu verdunkeln oder zu verbergen.

Der Hohepriester und mehrere andere Priester des Tempels haben den Eindruck, dass Myriam wohl die von den Propheten verkündete Jungfrau sein könnte. Sie haben so viele Jungfrauen gesehen, die im Tempel gewohnt haben, aber nicht eine von ihnen hatte eine solche Ausstrahlung. Daher fahren sie fort, im Stammbaum des Königs David einen Nachkommen zu suchen, der nicht eingeladen worden war. So erscheint denn der Name des Joseph.

Kaum hat er seinen Stab auf den Altar gelegt, als er schon zu blühen beginnt...

Der Hohepriester ist voller Staunen. Das Wunder hat sich ereignet: der Stab des Aaron hat ausgetrieben, wie es im Buche Numeri des Pentateuch berichtet wird; diese Stelle hat es ihm ja eingegeben, die Lösung mit dem blühenden Zweig zu versuchen.

Er lässt Myriam rufen, um sie Joseph vorzustellen. Der Hohepriester kennt das Geheimnis der Jungfrau. Sie hat ihn gefragt, ob es möglich sei, dass sie in der Ehe ihre Jungfräulichkeit bewahren könne: «Ich will nur dem

Herrn gehören», hatte sie ihm anvertraut, «und deshalb will ich Jungfrau bleiben.» - «Alles ist möglich für den Herrn», hatte er ihr geantwortet; «es genügt, sich immer seinem heiligen Willen zu unterwerfen.»

Joseph sieht ein junges Mädchen kommen, groß, schlank und von überirdischer Schönheit. Myriam hält die Augen niedergeschlagen; ein Hauch von Traurigkeit überschattet ihr Antlitz. Als die beiden Auserwählten einander gegenüberstehen, bewahren sie das Schweigen.

Joseph beendet schließlich die lange Pause. Er fragt das junge Mädchen nach seiner Familie, nach ihrem Leben im Tempel. Myriam gibt kurze Antworten, ohne die Augen zu erheben. Er fühlt, dass eine geheimnisvolle Last das Herz der Jungfrau bedrückt. Nachdem sie sich eine Zeitlang miteinander ausgetauscht haben, beschließt Myriam, Joseph ihr Geheimnis anzuvertrauen: sie wird niemals einem anderen gehören als dem Herrn.

Sie wartet nun auf die Antwort des Mannes, der ihr zum Gatten bestimmt worden ist. In ihrem Herzen fühlt sie sowohl Vertrauen als auch Furcht.

Lange verharrt Joseph im Schweigen. Dank ihrer fraulichen Gabe der Intuition bemerkt Myriam die innere Erschütterung Josephs; sie fühlt, dass er mit den Tränen kämpft, die schon aus seinen sanften Augen fließen wollen.

«O Myriam», sagt er schließlich, «nichts in der Welt hätte mich glücklicher machen können. Auch ich habe das Gelübde abgelegt, mein ganzes Leben dem Herrn zu weihen. Und aus diesem Grund habe ich mit meinen dreißig Jahren noch keine Gattin genommen.»

Myriam, die bis zu diesem Augenblick die Augen gesenkt gehalten hatte, erhebt nun ihren Blick zu Joseph. Sie glaubt, eine vom Himmel gekommene Stimme gehört zu haben, wie es die am Brunnen war... Ihr ganzes Sein ist von Freude erfüllt, die sichtbar von jenem Manne geteilt wird, der ihr Gemahl werden soll. Ja, alles ist möglich für den Herrn! Obwohl es ihnen beschieden ist, gemeinsam zu leben, werden sie beide das Gelübde halten können, das bis dahin in ihren Herzen verborgen war. Und Myriam wird sich dabei dem Schutz ihres Gatten anvertrauen können.

Eine mit nichts zu vergleichende Danksagung entströmt ihren Seelen. Sie haben gemeinsam den Gipfel ihres geistlichen Aufstiegs erreicht. Noch andere Höhepunkte erwarten sie, die noch viel erhabener sind und von denen sie noch nicht einmal etwas erahnen können.

Der große göttliche Plan ist schon in Vorbereitung...

Kapitel 4

Die Hochzeit in Jerusalem

Von diesem erstaunlichen und wundervollen Tage an ist Myriams Herz von jubelnder Freude erfüllt. O welch gesegneter Tag! Heiße Tränen strömen oft aus ihren blauen Augen, Tränen der Danksagung und des Jubels.

Joseph empfindet ein ähnliches Glück. Seine Kindheit und Jugend in Bethlehem waren nicht sehr glücklich gewesen. Er war der dritte von sechs Brüdern. Diese waren in ihrem Wesen rau und rücksichtslos; sie vergnügten sich damit, ihn zu quälen, weil er sanft und gottesfürchtig war. Vor allem aber fühlten sie sich wegen seiner Intelligenz in den Schatten gestellt. Joseph war der Prügelknabe dieser zerstrittenen Brüdergesellschaft.

Die Atmosphäre in der Familie war so unerträglich, dass er sich im Alter von zwanzig Jahren entschloss, Bethlehem zu verlassen. Mit blutendem Herzen verließ er in einer stürmischen Nacht heimlich das Elternhaus und wanderte nach Norden. In Libona, der kananäischen Königsstadt, wurde er von einem gerechten und gewissenhaften Meister als Lehrling für das Zimmermannshandwerk aufgenommen. Dort war es, dass er dieses Handwerk erlernte; und er leistete darin hervorragende

Arbeit. Dort geschah es auch, dass die Gesandten des Hohenpriesters, nachdem er zehn Jahre lang dieses Handwerk ausgeübt hatte, ihn einluden, «wegen einer sehr wichtigen Angelegenheit» nach Jerusalem zu kommen, ohne dass sie ihm Näheres mitgeteilt hatten.

Und da geschah das Wunder mit dem blühenden Stab, und dort wurde ihm Myriam vorgestellt.

Nazareth

Nachdem dieses Wunder sich ereignet hatte, bittet Myriam schon am übernächsten Tag ihren Bräutigam, sich nach Nazareth zu begeben, um ihre Mutter Anna zu informieren, die dort zurückgezogen von der Welt ihr Leben führt. Sie besitzt dort zwei Häuser, von denen das eine schon seit Jahren nicht mehr bewohnt ist. Dort werden sie wohnen. Josephs Aufgabe ist es nun, alles für den Einzug vorzubereiten.

Mit übergroßer Freude im Herzen sattelt nun Joseph den kleinen Esel, denselben, der ihn nach Jerusalem gebracht hat. Mit Psalmengesang begibt er sich auf den Weg.

Als er in die Nähe jenes Brunnens kommt, in den einstmals Joseph, der Sohn des Jakob und der Rachel, von seinen Brüdern hineingeworfen worden war, ehe sie ihn an die Karawanenführer auf dem Wege nach Ägypten verkauften (vgl. Genesis 37), kann er nicht anders als sein eigenes Schicksal mit dem jenes anderen zu vergleichen, dessen Namen er trägt. Genau wie er selbst ist auch jener andere Joseph von seinen Brüdern verfolgt worden, wozu die Eifersucht sie angetrieben hatte. Genau wie bei ihm hat auch sein eigenes Schicksal eine wunderbare

Wendung genommen. Was dieser künftige Gemahl Myriams indessen nicht ahnen und sich nicht einmal vorstellen kann, ist die Tatsache, dass seine eigene Sendung weitaus bedeutender sein wird als die jenes Joseph, des Schatzmeisters der Ägypter. Dieser wirkte mit, ein Volk zu retten, während er selbst bald die Furcht einflößende und überaus hohe Ehre haben wird, der Nährvater des Gottessohnes zu sein, des Retters der Welt, geboren aus der Jungfrau Myriam.

Nachdem er das Tal der Araba durchquert hat, kommt Joseph nun nach Niedergaliläa und nähert sich Nazareth. Als er nach einer einwöchigen Reise auf der Anhöhe ankommt, die sich oberhalb dieser Stadt Galiläas erhebt, setzt er sich eine kleine Weile auf einen Felsen, um seine Gedanken zu sammeln.

Seit er Myriam verlassen hat, um sich auf den Weg zu machen, führt er im Geist einen Dialog mit ihr über ihr künftiges gemeinsames Leben. Und nun sieht er mit freudigem Entzücken den Ort, wo es sich verwirklichen wird, und ein ununterbrochenes, mit Danksagung verbundenes Loblied entströmt seinen Lippen. Wie wunderbar hat sich sein Leben gewandelt! Wie gut ist der Herr, der das Leben derer lenkt, die ihn lieben!

Wie immer, so ist es auch jetzt die Heilige Schrift, die am besten seinen inneren Jubel in Worte kleidet: «*Ich lobe den Herrn aus meinem ganzen Herzen*» - «*Ich will den Herrn loben, solange ich lebe*» - «*Alles, was atmet, lobsinge dem Herrn.*»

Die Sonne geht unter am Horizont. Joseph steht auf und steigt hinab nach Nazareth, und dort findet die Begegnung mit Anna, der Mutter Myriams, statt. Voller

Staunen vernimmt sie die wundersame Nachricht von der bevorstehenden Heirat ihrer Tochter mit diesem Manne reifen Alters, von dem ein so großer Friede ausstrahlt und aus dessen Blick die Güte spricht. Sie hat ihn auf der Stelle in ihr Herz geschlossen.

Joseph befasst sich in den nächsten Tagen mit der Reinigung und Herrichtung des bescheidenen unbewohnten Hauses. Anna benachrichtigt ihrerseits ihre und Joachims Verwandtschaft von dieser großen Neuigkeit. Die Hochzeit soll bald im Tempel von Jerusalem gefeiert werden.

Als dieser Tag sich naht, begibt sich eine große Schar auf den Weg nach Judäa. Man spricht dabei von den Feierlichkeiten, die sie dort erwarten, und von Zeit zu Zeit steigen Psalmen zum Himmel empor, wie die Menschen es gewohnt sind auf dem Weg nach Jerusalem. Dort erwartet sie Myriam im Hause einer der sieben Jungfrauen, die mit ihr zusammen den Tempel verlassen haben.

Das Hochzeitsfest

Wie schön ist Myriam in ihrem Hochzeitskleid und Schmuck! Sie ist ganz in strahlend weißes Leinen gehüllt, umgürtet mit einem aus Gold und Silber angefertigten Gürtel, der aus Medaillons besteht, die mit Kettchen verbunden sind. Sie trägt Schuhe aus weißem Leder, mit silbernen Schnallen geschmückt. Das blonde Haar ist in Zöpfe geflochten, die miteinander verbunden und mit dem Schleier der zukünftigen Gattin und Mutter bedeckt sind. Als sie auf der Schwelle des Hauses ihrer Tempelgefährtin erscheint, erhebt sich ein Raunen der Bewunderung in der Schar der Eingeladenen, die schon darauf gewartet haben, sie aus dem Hause kommen zu sehen. Über dem Schleier trägt sie eine Krone, die mit Edelsteinen verziert ist. Sie hat ganz das Aussehen einer Königin, so voll Anmut und Würde, aber auch von demütiger Bescheidenheit.

Joseph trägt ein langes, weites, hellblaues Gewand und eine braune Stola, die mit zwei weißen Streifen bestickt ist, womit die davidische Abstammung gekennzeichnet wird. Sein Antlitz ist von einem sanften Lächeln geprägt, das ihn nicht verlässt, seit er Myriam begegnet ist. Beide strahlen vor Glück. Er presst sie an sein Herz und flüstert den Vers aus dem Hohenlied: «*Meine Schwester, meine Braut, verschlossener Garten, versiegelter Quell.*» Und er erinnert sie an das Gelübde beständiger Keuschheit, das sie miteinander ausgetauscht haben am Tag, da der Zweig geblüht hat. «Komm, meine Vielgeliebte», sagt er und nimmt sie ganz zart bei der Hand. Sie begeben sich nun auf den Weg zum Tempel; die Eingeladenen folgen ihnen unter der Führung von Anna. Als sie im Vorhof angelangt sind, bleiben sie einen Augenblick stehen und schreiten dann zu dem Raum, der für die Feier vorgesehen ist. Dort begeben sie sich an den Ort, wo der Hohepriester den Vorsitz führen wird.

Als dieser angekommen ist, richtet er einige freundliche Worte an sie. Er erinnert sie an ihre Herkunft, und bei Myriam weist er darauf hin, dass sie noch vor kurzem zu den Tempeljungfrauen gehört hat. Er bewahrt jedoch das Geheimnis des blühenden Zweiges. Sodann nimmt er die rechte Hand der Braut, legt sie in die des Joseph und spricht dabei die Worte des Hochzeitsritus: «Möge der Gott Abrahams, Isaaks und Jakobs mit euch sein. Er vereinige euch und lasse seinen Segen und seinen Frieden über euch kommen. Er gebe euch eine zahlreiche Nachkommenschaft, ein langes Leben und einen heiligmäßigen Tod im Schosse Abrahams.»

Dann zieht der Hohepriester sich zurück, ebenso feierlich, wie er gekommen war. Myriam und Joseph sammeln sich für einige Zeit in der Freude einer glühenden Danksagung. Dann gehen sie hinaus, von den Eingeladenen gefolgt.

Anschließend spricht jeder der Eingeladenen seine Glückwünsche aus, und nun begeben sie sich in ein großes Haus, das für Feierlichkeiten verschiedener Gruppen, wie die ihrige, vorgesehen ist.

Die Hochzeitsfeierlichkeiten dauern drei Tage lang. Dann kehren sie nach Nazareth zurück, begleitet von den Verwandten, die in der galiläischen Stadt und ihrer Umgebung wohnen.

Nachdem sie eine Woche lang beim Rhythmus der gewohnten Wallfahrtsgesänge unterwegs gewesen sind, nähern sie sich Nazareth. Freudenrufe ertönen beim Sonnenuntergang dieses schönen Frühlingstages.

Mit klopfendem Herzen führt Joseph seine Braut in das kleine Haus, das er mit so viel Liebe hergerichtet hat. Myriam ist entzückt, und Anna, ihre Mutter, die sie begleitet, ist ebenso glücklich wie sie. Das erste, was Myriam tut, ist die Aufstellung von Blumenschmuck in den Kammern und im Wohnraum; die Blumen hat sie im Garten ihrer Mutter gepflückt. Sie vergisst auch nicht die kleine Werkstatt, die Joseph eingerichtet hat...

Kapitel 5

Die Verkündigung

Das erstemal in ihrem Leben ist Myriam Hausfrau im eigenen Haus. Seit dem Alter von drei Jahren hat sie ja im Tempel gewohnt, in der Schule der Jungfrauen. Mit Hilfe der Ratschläge ihrer Mutter Anna hat sie es schnell gelernt, ihre Aufgaben einzuteilen; und bald hat sie ihr Häuschen in ein kleines Paradies verwandelt. Wenn Joseph von der Arbeit nach Hause kommt, klopft sein Herz vor Freude, da er alle Dinge so harmonisch geordnet findet und die duftende Mahlzeit über dem Feuer kocht.

Der gute Ruf Josephs als Zimmermann hat sich schnell in Nazareth und der Umgebung verbreitet. Seine so anziehende Persönlichkeit, sein Lächeln und seine Liebenswürdigkeit kommen noch hinzu. Es mangelt nicht an Aufträgen; bald kann er sie kaum noch bewältigen.

Wenn der Abend seinen Schleier über Galiläa breitet und Joseph seine Arbeit für den nächsten Tag vorbereitet hat, geben sie sich beide dem hin, was ihre höchste Freude ist: dem Gotteslob. Sie beten bis spät am Abend, bis sie sich trennen für die Ruhe der Nacht. So ist in Nazareth ein kleiner Ort des verlorenen Paradieses wiedererstanden...

Da Joseph jetzt sein eigener Meister geworden ist, fehlen ihm verschiedene Werkzeuge. Nur in Jerusalem kann er sich diese besorgen. Ehe er sich nun für etwa zwanzig Tage auf die Reise begibt, drückt er Myriam an sein Herz; er dankt ihr, dass sie ihn so unsagbar glücklich gemacht hat: «Wie mein Leben sich verändert hat, seit der Herr uns so sichtbar zusammengeführt hat. Alle Tage meines Lebens werde ich ihm danken und in jeder Stunde des Tages», sagt er zu ihr, als er sie verlässt. Myriam dankt ihm mit einem Lächeln von wundervoller Zartheit, das mehr als Worte die Gefühle ausdrückt, die aus dem Grund ihres Herzens aufsteigen.

Als der Abend gekommen ist, zieht Myriam sich in ihr kleines Kämmerchen zurück. Sie kniet sich nieder, faltet die Hände auf der Brust und versenkt sich in die Kontemplation. So verbleibt sie lange Zeit, unbeweglich und ganz verklärt. Die Öllampe gibt ein flackerndes Licht. Wie alle Tage, wenn sie aufsteht und wenn sie sich zur Ruhe begibt, fleht sie auch heute wieder den Allmächtigen an, dem hebräischen Volk den verheißenen Messias zu senden. An diesem Abend verwandelt sich die Kontemplation in Ekstase...

Die Nacht ist schon vorgerückt. Plötzlich wird das kleine Zimmer von einem blendenden Licht erhellt, und mitten in dem Licht erscheint ein Wesen von überirdischer Schönheit.

Es ist der von Gott gesandte Engel Gabriel:

«Erfreue dich, du Gnadenvolle, der Herr ist mit dir», sagt der Engel.

Myriam ist ganz verwirrt; sie fragt sich, was diese Worte zu bedeuten haben. Da sagt ihr der Engel: *«Fürchte dich nicht, Myriam, du hast Gnade gefunden bei Gott. Du wirst einen Sohn empfangen, du wirst ihn zur Welt bringen und wirst ihn Jesus nennen. Er wird groß sein; und er wird Sohn des Allerhöchsten genannt. Er ist es, dem Gott, der Herr, den Thron seines Vaters David geben wird. Er wird für immer über das Haus Jakob herrschen, und seine Herrschaft wird ohne Ende sein.»*

Myriam ist durch diese Worte ganz verwirrt. Sie sagt zu dem Engel: «*Wie soll das geschehen, da ich keinen Mann erkenne?*» Da antwortet ihr der Engel: «*Der Heilige Geist wird über dich kommen, und die Kraft des Allerhöchsten wird dich überschatten. Darum wird das Kind, der Heilige, der geboren werden wird, Sohn Gottes genannt werden.*»

Der Engel verkündet ihr noch eine zweite Neuigkeit. Schon die soeben vernommene hat ihr ganzes Wesen erschüttert, wie es noch nie der Fall gewesen war. Die zweite Neuigkeit erfüllt sie mit Bewunderung; sie betrifft ihre Kusine Elisabeth, die mit ihrem Mann Zacharias in der Nähe von Jerusalem wohnt. Elisabeth hat zu ihrem großen Leidwesen das Alter überschritten, in dem sie gebären kann. Beide hätten sich so sehr ein Kind gewünscht! Nun aber wird Elisabeth mit einer gewissen Geringschätzung die Unfruchtbare genannt. Und jetzt offenbart ihr der Engel, dass auch Elisabeth ein Kind haben wird, «*und sie ist schon in ihrem sechsten Monat. Bei Gott ist nämlich nichts unmöglich*», fügt er hinzu.

In diesen gesegneten Augenblicken hat Myriam den Höhepunkt ihres Lebens erreicht. Sie kann nur flüstern, nur hauchen, als ob ihr ganzes Wesen sich in den Schoss Gottes begeben würde: «*Ich bin die Magd des*

Herrn, mir geschehe, wie du gesagt hast.» Und der Engel entzieht sich ihrem Blick. Die Dunkelheit, die nur von der flackernden Öllampe schwach erleuchtet wird, erfüllt aufs neue das kleine Zimmer von Myriam...

In den folgenden Tagen meditiert sie unaufhörlich über die Verkündigung des Engels. Eine unfassbare, unerwartete, nahezu irrsinnige Verkündigung! Ihr, der kleinen unbekannten Galiläerin soll also dieses einmalige Privileg in der Geschichte ihres Volkes zuteil werden, ihm den Messias zu schenken! Warum gerade ihr? Dennoch, man muss es aus Herzensgrund glauben. Die Erscheinung des Engels ist der Beweis dafür. Es war kein Traum, sie hat den Engel gesehen, sie hat seine Worte gehört...

Nachdem sie sich an diese unfassbare Nachricht gewöhnt hat, steigt wie ein Strom eine machtvolle Danksagung aus dem Grund ihrer Seele auf. Ein ununterbrochener Lobgesang erfüllt ihr ganzes Sein, wie ihn niemals ein Menschenherz gekannt hat.

Kapitel 6

«Hoch preiset meine Seele den Herrn»

Welche Freude für Joseph, seine Gemahlin wiederzu-finden! Ihre Nähe hat ihm in Jerusalem so sehr gefehlt! Er konnte sich sein Leben nicht mehr vorstellen ohne Myriam, die auf so wunderbare Weise in sein Dasein getreten war, nachdem er zuvor ohne echtes Glück hatte leben müssen. «Myriam, meine Vielgeliebte», flüstert er zärtlich, indem er sie an sein Herz drückt...

Wie hätte er ahnen können, dass er mit seiner Umar-mung nicht nur seine Gemahlin, sondern den Aller-höchsten in seinen Armen hält, der nun aus dem Tempel in den Schoss der Jungfrau Myriam eingetreten war?

Die Gattin bewahrt das Schweigen über das wun-dersame Ereignis, das sich in jener Nacht während der Abwesenheit Josephs ereignet hat, wie es der Besuch des Erzengels und seine Verkündigung der messianischen Freude durch seine vom Himmel gesandte Begrüßung war: «Erfreue dich, Myriam», das alles ist so wunderbar, dass seine Worte unwirklich, unaussprechlich bleiben. Nicht ihr, der niedrigen Magd des Herrn, gebührt es, dieses Wunder ihrem Gatten mitzuteilen. Auch jetzt

braucht es einen Gesandten des Himmels. Sie fleht den
Herrn an, selbst Josephs Herz für diese unfassbare Botschaft zu öffnen.

Dieser begibt sich wieder an seine Zimmermannsar-
beit. Er streicht liebevoll über die Geräte, die er neu
erworben hat: Freude und Stolz des Handwerkers! Und
an Arbeit fehlt es ihm nicht.

Das Paschafest steht vor der Tür. Und zu diesem Fest
aller Feste findet wieder eine Pilgerreise nach Jerusalem
statt. Dieses Mal wird Joseph von Myriam begleitet. Eine
tiefe Freude bewegt die Herzen der Pilger aus Nazareth.
Nicht nur, dass Myriam die allgemeine Freude teilt, sie
birgt in ihrem Herzen auch das Geheimnis ihrer künftigen Mutterschaft und das ihrer Kusine Elisabeth, die in
Jutta wohnt, einem Ort in der Hochebene von Judäa.

Als die Pilger sich Jerusalem nähern, ertönt laut der
Gesang: «*Herr, ich liebe die Schönheit deines Hauses,
den Ort, wo deine Herrlichkeit wohnt... Meine Seele verlangt nur das eine: im Hause des Herrn zu wohnen alle
Tage meines Lebens*» (Ps 26).

Die Ankunft vor dem Tempel, der sich seit einem
Jahrtausend dort erhebt, lässt aller Blicke aufleuchten.
Das Bauwerk, das die Pilger vor ihren staunenden Augen
erblicken, ist der dritte Tempel, der an demselben Ort
errichtet worden ist. Der erste, der des Salomon, war im
Jahre 586 zerstört worden. Der zweite wurde nach der
Rückkehr aus dem Exil zwischen 520 und 515 rekon-
struiert. Diesen dritten Tempel hat Herodes erbaut, der
für diese riesige Baustelle etwa fünfzehntausend Arbei-
ter aufgeboten hat, wobei gleichzeitig auch seine Aus-
dehnung auf der Esplanade des Moria um das Doppelte

vergrößert wurde. Jedesmal sind die von weither kommenden Pilger außer sich vor Staunen angesichts dieses unvergleichlichen Meisterwerkes mit seinen gewaltigen Fundamenten, seinen miteinander verbundenen Umfassungsmauern, seinen übereinander liegenden Treppenabsätzen. Welch eine Pracht, die Säulengänge und Kapitelle, der dreieckige Giebel, das sorgfältig aus weißem Marmor gemeißelte Geländer, welches ganz um die Bauten herumgeht, wie auch das goldene Tor mit seinen Stützpfeilern und den Kapitellen mit gemeißelten Akantusblättern, die in den Wall der Altstadt eingemauert sind!

Andererseits aber auch, welch ein Lärm, welch ein Spektakel in der Nähe des Schaftores und des Goldenen Tores mit seinen Geldwechslern und den Verkäufern von Turteltauben und Spatzen für die Frauen, die von einer Niederkunft genesen sind, und für die geheilten Aussätzigen, vor allem aber der Lärm der Viehhändler, welche die zum Opfer bestimmten Tiere verkaufen, die da blöken und muhen.

Die Pilger aus Nazareth betreten den Tempel durch die Schöne Pforte mit ihren herrlichen Dekorationen. Die Frauen bleiben in der ersten Umfriedung zurück. Dort befinden sich auch die dreizehn Opferstöcke, in welche die Pilger ihre Spenden einwerfen.

Auch Myriam bleibt in der ersten Umfriedung zurück. Sie weiß, dass sie in ihrem Schoss den dem Volke Israel verheißenen Messias trägt. Weiß sie aber auch schon, dass der Erlöser der Menschen der Heilige der Heiligen ist, der *«Quadosch kate doshim Adonai»*, der Gott der Götter (Ps 50), dessen trinitarische Natur in Jesus geoffenbart ist?

Das Paschafest ist der Anbetung geweiht. Die Herzen von Myriam und Joseph schlagen höher vor innerer Bewegung und Freude. Die Feierlichkeiten erstrecken sich über eine ganze Woche hindurch. Die bedeutendsten finden am ersten und am siebenten Tage statt. Am ersten Tag nehmen die Pilger das Paschamahl ein, so wie es in dem Lehrbuch *Pesahim* vorgeschrieben ist, welches alle Einzelheiten der Regeln enthält. Bei Sara, einer der sieben Gefährtinnen, die zusammen mit Myriam nach Erreichung des heiratsfähigen Alters die Tempelschule verlassen haben, nehmen sie miteinander dieses rituelle Mahl ein. Sie essen das gebratene Lamm und tauchen ungesäuertes Brot in die *Iasoreth*, die berühmte rote Soße, die sowohl süß wie auch scharf ist, und gleichzeitig nehmen sie Bitterkräuter zu sich. Sie trinken die vier rituellen Becher. Beim ersten rezitieren sie den Psalm 114, der vom Auszug aus Ägypten erzählt. Danach benetzen sie die Zunge mit einigen Tropfen gesalzenen Wassers zum Gedächtnis an die einst von ihren Vorfahren vergossenen Tränen. Der zweite Becher wandert von Hand zu Hand. Der dritte, «der Becher des Segens», wird vom Hallel begleitet, dem Lied der Danksagung, in welchem die Psalmen 115 und 118 miteinander verbunden sind: *«Nicht uns, o Herr, nicht uns die Ehre, sondern deinem Namen, wegen deiner Güte.»* Dann kommt der vierte und letzte Becher, eingeführt durch den Vers 26 des achtzehnten Psalmes: *«Gesegnet sei, der da kommt im Namen des Herrn.»*

Als sie das Haus der Eltern von Sara verlassen, schlagen ihre Herzen höher in einem unbeschreiblichen Glück, selten in seiner Intensität; es ist ja das Paschafest, wobei die Vereinigung der Herzen eines ganzen Volkes, die liebevolle Gemeinschaft bei der geweihten Mahlzeit das Wesentliche ist. Für Myriam kommt noch das wundervolle Geheimnis hinzu, das niemand kennt als sie allein. Sie sehnt sich danach, Elisabeth zu sehen.

Am achten Tag begeben sie sich in östlicher Richtung auf den Weg. Myriam sitzt auf dem Esel, und oft schließt sie die Augen, während sie Wälder und Heideflächen, Wiesen und Felder durchqueren. Die heiligen Worte bewegen ihr Herz. Joseph geht schweigend neben ihr; die Bilder der heiligen Paschawoche bewegen auch seinen Geist. Von Zeit zu Zeit spricht er ein Wort zu dem sanftmütigen Tier, das mit der kostbarsten Last beladen ist, die jemals auf den Wegen dieser Welt getragen wurde.

Nun sind sie endlich in Jutta angekommen, das versteckt in einer kleinen Senke liegt, inmitten einer grünenden Landschaft in der linden Frühlingsluft. Von fern sehen sie eine Frau, die aus dem Dorf herauskommt. Bald wird sie von Myriam erkannt: «Elisabeth», ruft sie aus und steigt vom Esel herab. Diskret und zuvorkommend, wie es seiner Gewohnheit entspricht, hält Joseph den Esel an. Sein Herz schlägt höher, als er die beiden Frauen betrachtet, die aufeinander zueilen. Ein Lobgebet entströmt seinen Lippen. Wenn er wüsste, welche Schätze sie tragen... Auch sie vermögen es kaum zu fassen, dass die Erde Zeuge eines erhabenen Ereignisses in ihrer heiligen Geschichte ist.

Innig umarmen sich die beiden Frauen. Die heiligen Worte, die Maria während des ganzen Weges nach Jutta in ihrem Herzen bewegt hatte, drängen jetzt mit unwiderstehlicher Gewalt dazu, ausgesprochen zu werden. In diesem Augenblick fühlt Elisabeth, wie das Kind in ihrem Schosse aufhüpft: und, vom Geist Gottes erleuchtet, spricht sie in der Glut der Begeisterung: «*Du bist gebenedeit unter den Frauen, und gebenedeit ist die Frucht deines Leibes. Wer bin ich, dass die Mutter meines Herrn zu mir kommt?*» Kaum hat sie diese prophetischen Worte ausgesprochen, als der zurückgehaltene Strom des erhabensten aller messianischen Gesänge sich auf die Lippen dieser so schönen jungen Mutter des Herrn drängt:

«Meine Seele preist die Größe des Herrn, / und mein Geist jubelt über Gott, meinen Retter.

Denn auf die Niedrigkeit seiner Magd hat er geschaut. / Siehe, von nun an preisen mich selig alle Geschlechter.

Denn der Mächtige hat Großes an mir getan, / und sein Name ist heilig.

Er erbarmt sich von Geschlecht zu Geschlecht / über alle, die ihn fürchten.

Er vollbringt mit seinem Arm machtvolle Taten: / Er zerstreut, die im Herzen voll Hochmut sind;

er stürzt die Mächtigen vom Thron / und erhöht die Niedrigen.

Die Hungernden beschenkt er mit seinen Gaben / und lässt die Reichen leer ausgehen.

Er nimmt sich seines Knechtes Israel an / und denkt an sein Erbarmen,

das er unseren Vätern verheißen hat, Abraham und seinen Nachkommen auf ewig.»

Joseph hat innerlich bewegt von fern die Szene beobachtet. Die Worte, welche die beiden Kusinen gewechselt haben, konnte er jedoch nicht verstehen. Als beide sich nun auf den Weg ins Dorf begeben, setzt auch Joseph seinen Esel in Marsch...

Eine Woche lang ist Joseph nun Gast bei Elisabeth und Zacharias, ihrem Mann. Während die Hausfrau und Myriam die Arbeit im Hause besorgen und die Wäsche für das von Elisabeth erwartete Kind herrichten, unterhalten sich die beiden Männer über das, was jedem Israeliten auf der Seele brennt: die Ankunft des Messias, den man nahe spürt. Zacharias hat den Gebrauch der Sprache verloren seit jenem Tag im Heiligtum des Tempels, als er an der Botschaft des Engels gezweifelt hatte; dieser hatte ihm nämlich verkündet, dass seine Frau trotz ihres Alters noch einen Sohn zur Welt bringen würde. Von da an stellt er die Verbindung mit den anderen her, indem er seine Gedanken auf ein Täfelchen schreibt.

Joseph ist voll freudigen Staunens, als er den Zustand Elisabeths erfährt. Er ist gerne einverstanden, dass Myriam in Jutta bleibt, bis das Kind geboren wird. Er selbst begibt sich wieder nach Nazareth, nachdem er eine Woche lang in diesem Hause geweilt hatte, wo so viel Güte und Glaube herrscht. Die meiste Zeit hat man dort mit Lobgesängen und Danksagung verbracht.

In Nazareth angekommen, arbeitet Joseph wieder in seiner Werkstatt vom Aufgang der Sonne bis zu ihrem Untergang. Wie traurig ist alles, wenn Myriam nicht bei ihm ist!

Nach drei Monaten kommt die Gattin zurück, sie hat sich einer Gruppe von Leuten aus Nazareth angeschlossen, die auf dem Rückweg von Jerusalem sind. Innig umarmen sich die beiden Eheleute, nachdem sie so lange voneinander getrennt gewesen sind. Myriam erzählt Joseph in allen Einzelheiten alle die wunderbaren Dinge, die sich bei der Geburt des Johannes, dem Kind Elisabeths, ereignet haben.

Und das Leben nimmt wieder seinen gewohnten Lauf.

Kapitel 7

Der grausamste aller Schmerzen

Myriam verbringt einen großen Teil ihrer Zeit mit der Sorge um die Hausarbeit. Alles glänzt hier vor Sauberkeit. Sie verrichtet die gewöhnlichen Dinge des Lebens außergewöhnlich gut, jeder Handgriff wird mit Liebe getan.

Joseph hält es ebenso mit seiner Arbeit, zum Teil in der Werkstatt, wo er die Arbeiten vorbereitet, die er außerhalb zu verrichten hat, oder auch in anderen Häusern, um ein Gerüst aufzurichten, eine Tür zu reparieren oder ein Möbelstück aufzustellen. Er versteht sich ebenso gut auf die Arbeit des Zimmermanns wie auf die des Tischlers. Er hat ein sicheres Gespür für das Schöne, und manchmal gönnt er sich die Freude, Einlegearbeiten auszuführen; das hat er bei seinem Meister in Libona gelernt.

Wenn Myriam und Joseph bei ihrer Arbeit sind, haben sie die Gewohnheit, den Namen und die Herrlichkeit des Herrn anzurufen. Auf die Lippen der Gattin kommen Psalmen, einer nach dem anderen; sie kennt sie auswendig, sie ist glücklich, ihre Zeit damit zu heiligen, sie zu singen. Wenn Joseph liebevoll das Holz bearbeitet, sagt er

Gott Dank, dass er das Holz gleichsam lebendig erhalten kann, selbst wenn der Baum schon umgehauen ist, denn unter seinen Händen wird das Holz schön und gleichsam wieder lebendig in der Form und Farbe seines Wesens.

Der Zweifel und die Erschütterung

Eines Morgens glaubt Joseph auf den Zügen seiner Gemahlin die Zeichen einer Krankheit feststellen zu müssen, deren Keim sie in sich trägt. Sie bleibt indessen ebenso lebhaft wie zuvor. Manchmal lässt sie lange ihren Blick auf ihm ruhen. Mit seiner guten Beobachtungsgabe glaubt er darin ein Gebet, sogar ein flehentliches Bitten festzustellen. Kein Zweifel, Myriam trägt in sich ein großes Geheimnis, das ihr auf den Lippen und im Herzen brennt...

Tag für Tag dauert der seltsame Eindruck an: sie wird schwerer. Zweifel überfällt sein unschuldiges Herz. Ein Schrei steigt auf zum Herrn: «*Verlass mich nicht, o Herr!*» (Ps 38,22). Schließlich kann er nicht anders, als sich mit der offenkundigen Tatsache abzufinden: kein Zweifel, Myriam erwartet ein Kind! An diesem Tag ist es ein Schrei äußerster Not, der zum Himmel aufsteigt: «*Mein Gott, mein Gott, warum hast du mich verlassen?*» (Ps 22,2).

Joseph ist ganz vernichtet durch diese Gewissheit. Die Thora verpflichtet ihn, seine Gattin anzuzeigen; sie wird dann gesteinigt. Ihm, dem Gerechten, dem Gottesfürchtigen, ist dieser Gedanke unerträglich. Er entschließt sich für die herzzerreißendste der Entscheidungen: in dieser Nacht wird er heimlich das Haus verlassen, in welchem er ein so einmaliges Glück gekannt hat, bis es zu dieser verhängnisvollen Entdeckung gekommen ist. Wo soll er hingehen? Er weiß es nicht. Nur eines zählt für ihn: Nazareth zu verlassen, diesen Ort aus seinem Gedächtnis auszulöschen, wo der Segen sich so plötzlich in Fluch verwandelt hat.

Als er sich an diesem Abend auf seinem Lager ausstreckt, wartet er auf die Mitternachtsstunde, um sich heimlich und ohne Lärm nach draußen zu stehlen, während Tränen, die er nicht unterdrücken kann, aus seinen schmerzerfüllten Augen rinnen. Er hat Mühe, die Seufzer zu unterdrücken, die seine Brust zu zersprengen drohen...

Plötzlich wird sein kleines Zimmer von einem hellen Licht erfüllt. Mitten in diesem Licht zeigt sich eine sehr sanfte Gegenwart. Joseph hört, zuerst erstaunt, dann voll Freude, die Worte: *«Joseph, Sohn Davids, fürchte dich nicht, Myriam als deine Frau zu dir zu nehmen; denn das Kind, das sie erwartet, ist vom Heiligen Geist. Sie wird einen Sohn gebären; ihm sollst du den Namen Jesus geben; denn er wird sein Volk von seinen Sünden erlösen»* (Mt 1,20.21).

Niemals, seit die Welt besteht, ist ein so unerträglicher Schmerz in einem einzigen Augenblick in eine so überströmende Freude verwandelt worden! Vor einem Augenblick noch hatte er Mühe, seine schmerzvollen Seufzer zu unterdrücken, und jetzt gelingt es ihm kaum, seine Freudenrufe zurückzuhalten. Immer wieder sagt er sich: «Wie *gut bist du, o Herr, wie groß sind deine Wundertaten!»* Ein Gedanke erfüllt ihn mit Zärtlichkeit und Stolz: Der Engel des Herrn hat ihm die erhabene Sendung anvertraut, dem Kind, das geboren werden soll, einen Namen zu geben. Dies ist ein Privileg, das dem

Vater vorbehalten ist. Gott hat ihn also erwählt, hier auf Erden der Pflegevater des Sohnes der Myriam zu sein, der durch den Heiligen Geist empfangen worden ist. Wie wird er nun über sie wachen, sie mit seiner Liebe umgeben!

So erschüttert ist er von den Ereignissen, die ihn so plötzlich von der Verzweiflung in jubelnde Freude geführt haben, dass er nicht wieder einzuschlafen vermag. Er kann nichts anderes tun als unaufhörlich seine Danksagung zum Himmel emporsteigen zu lassen.

Früh am Morgen verlässt er sein Zimmer und kniet sich ganz leise vor dem Zimmer Myriams hin, während er Freudentränen vergießt. Als die Tür sich öffnet und seine Gemahlin erscheint, entflieht ein sanfter Seufzer seinen Lippen: «O Myriam!» Sie versteht auf der Stelle, dass ihr glühendes, inständiges Gebet in dieser Nacht erhört worden ist. Joseph kennt endlich ihr großes, ihr wunderbares Geheimnis. Die Ehegatten stürzen einander in die Arme. Ihre Tränen sind der Ausdruck ihrer allergrößten Glückseligkeit. Einige Stellen aus dem Lobgesang, der bei der Begegnung mit Elisabeth ihrem Herzen entströmt war, kommt auch jetzt über ihre Lippen, wie es ständig der Fall gewesen war seit der Begegnung mit ihr.

Die schmerzvolle Prüfung, die sie beide in den letzten Tagen durchgemacht haben, lässt sie nur noch enger miteinander verbunden werden. An diesem Tag machen sie sich mit überströmender Freude und Elan an ihre Arbeit.

Kapitel 8

Die Erwartung des Kindes

Drei Namen flüstert der Zimmermann ständig bei seiner Arbeit: «Adonai, Jesus, Myriam.» Das süßeste der Lieder im Munde des glücklichsten der Menschen! «Adonai» - Mein Herr; «Jesus» - Gott rettet; «Myriam» - die Vielgeliebte». Der Herr, Ursprung aller Liebe und allen Lebens; der Messias, der Retter der Menschen; und sie, die Vielgeliebte, die zur Mutter Jesu erwählt worden ist! Es konnte auf Erden keinen süßeren Gesang geben als dieser es war!

Myriams Herz strömt über vor Glück. Sie ist nicht mehr allein, um das erhabenste Geheimnis zu tragen; gewiss, sie teilt es mit Elisabeth, aber ihre Kusine lebt weit entfernt. Die Ehegatten tauschen jetzt ihre zum Himmel aufsteigenden Gedanken aus: beide glühen in einem inneren Feuer, das sie vorher nie gekannt hatten.

Die wenigen Monate bis zur Geburt gehen schnell dahin, in einem Glück, das auf ihren Gesichtern zu lesen ist. Niemals sind zwei Menschen, die in göttlicher Liebe vereint waren, einander so nahe gewesen. Am Abend ertönen Hymnen jubelnder Freude in dem kleinen Haus.

Am Tag geht Joseph seiner Arbeit nach. Myriam näht und stickt, und Anna, ihre Mutter, ist bei ihr. Davon überzeugt, dass ihr Kind in Nazareth zur Welt kommen wird, richtet sie viele Dinge her, und wie es die Tradition verlangt, fertigt sie alles doppelt an, um die Hälfte armen Kindern zu geben.

Während all dieser Vorbereitungen, als es nur noch vier oder fünf Wochen sind bis zur Geburt, wird das Land durch einen amtlichen Befehl in Aufregung versetzt. Eine seltene und unaufschiebbare Angelegenheit: Kaiser Augustus, der Herrscher von Rom, befiehlt durch Dekret eine Volkszählung bei allen Völkern seines Reiches. Eine solche Zählung gibt es nur einmal in jeder Generation; sie findet statt, um den Personenstand, das Grundbuch und die Steuern festzusetzen. Niemand kann sich dem entziehen. Dem Familienoberhaupt obliegt die Pflicht, sich im Ort des Ursprungs seiner Familie aufschreiben zu lassen und gleichzeitig auch seine Angehörigen zu melden. Joseph, der aus der Familie Davids, des großen Königs, stammt, muss sich also unverzüglich nach Bethlehem begeben...

Jetzt gibt es für ihn eine schwierige Frage zu lösen: soll nur er allein dorthin reisen und Myriam allein lassen in dem bedeutenden Augenblick der Geburt ihres Kindes, oder soll er sie mitnehmen auf die lange und beschwerliche Reise nach Judäa auf dem Rücken eines Esels? Gemeinsam überlegen sie das Für und Wider und kommen schließlich zu dem Entschluss, gemeinsam die Reise zu unternehmen, trotz aller Unannehmlichkeiten. Eine Woche lang sind sie unterwegs, die Reise geht langsamer vonstatten als gewöhnlich, denn die Anstrengung der Gattin ist deutlich erkennbar. Beide sind jedoch glücklich in der Vorfreude auf den erhabenen Tag, wo das Geschick der Menschen aus der Dunkelheit zum Licht sich wandeln wird! Myriam meditiert dieses Ereignis in ihrem Herzen. Beim regelmäßigen Schritt des Reittieres flüstert sie leise die Stellen der Heiligen Schrift, in denen die Rede von Bethlehem ist – dem «Haus des Brotes». Ganz besonders denkt sie an den Text des Propheten Micha: *«Und du, Bethlehem-Ephrata, so klein unter den Gauen Judas, aus dir wird derjenige hervorgehen, der über Israel herrschen soll...»* (Mi 5,1). Und nun sind sie dabei, dorthin zu gehen, nach Bethlehem, wo David einst geboren wurde, der Sohn eines Mannes aus Ephrata und Enkel des Booz, der auch aus Bethlehem war, und der Moabiterin Rut. Auch Joseph, ihr Gemahl, wurde dort geboren, und mit ihm ist sie jetzt zur Volkszählung unterwegs.

«Der über Israel herrschen soll»

Wie der Herr alle Dinge seinen Plänen entsprechend angeordnet hat! Das Göttliche Kind musste in Bethlehem geboren werden, und es wird nun auch dort geboren, wie Micha es vorausgesagt hat. Es brauchte dazu ein Dekret des fernen heidnischen Kaisers, damit es sich erfüllen konnte.

Am achten Tag erscheinen gegen Mittag von ferne die weißen Mauern von Jerusalem. Ganz spontan entströmen den Lippen der beiden Reisenden jene Stellen der Psalmen, die die heilige Stadt besingen: *«Möge der Name des Herrn auf dem Zion verkündet werden und sein Lob in Jerusalem»* (Ps 102,22) – *«Wenn ich dich je vergesse, Jerusalem, dann soll mir die rechte Hand verdorren. Die Zunge soll mir am Gaumen kleben, wenn ich an dich nicht mehr denke, wenn ich Jerusalem nicht zu meiner höchsten Freude erhebe»* (Ps 137,5.6).

Jedesmal klopft dann das Herz des Gläubigen voll Freude. Es sind kaum einige Monate her, da haben sie das gleiche schon empfunden, als sie zum Paschafest hierher gekommen sind.

Jerusalem, das ist vor allem der Tempel, die Wohnstatt des Allerhöchsten. Während Joseph sich in den Vorhof der Israeliten begibt, muss Myriam im Vorhof der Frauen zurückbleiben. Wer könnte erraten, dass der Heiligste der Heiligen eine neue wundersame Wohnung im Schoss dieser Frau gefunden hat, die so demütig im ersten Vorhof zurückgeblieben ist! Myriam glüht in ihrem Inneren, indem sie ihr Kind Adonai aufopfert.

Bethlehem

Am nächsten Morgen machen sie sich auf den Weg nach Bethlehem, drei Wegstunden von Jerusalem entfernt. Es ist kalt. Joseph geht neben dem Esel einher. Myriam ist in eine Wolldecke gehüllt und singt das große Hallel, den Psalm 136, während ihr Gatte den Kehrvers wiederholt. Bald ist die Stadt von weitem zu erkennen. Als sie hineingehen, werden sie von Besorgnis ergriffen, denn Bethlehem ist voll von Reisenden, die alle gekommen sind, um sich aufschreiben zu lassen.

Das Wichtigste ist nun, eine Unterkunft zu finden, denn die Geburt des Kindes steht nahe bevor. In der ersten Herberge, die Joseph betritt, ist nicht das kleinste Plätzchen mehr frei; ebenso ist es bei der zweiten und allen anderen. Außerdem bemerkt er, dass der Zustand seiner Gattin, statt eine gastliche Aufnahme zu begünstigen, Reaktionen der Ablehnung hervorruft. Da die Herbergswirte durch den Zustrom der vielen Fremden überfordert sind, haben sie ihren gewohnten Sinn für Gastlichkeit verloren.

Ganz verzweifelt klopft Joseph an vielen Türen an. Vergeblich! Schließlich versucht er sein Glück in einem Viertel, das etwas außerhalb der Stadt gelegen ist. Während er auch hier von Tür zu Tür geht, sitzt Myriam unter einem Baum, die Hände über der Brust gefaltet und das Haupt gesenkt; sie ist völlig ergeben und lebt in der Gewissheit, dass der Herr sie nicht verlässt.

Joseph kommt ganz traurig zurück; er hat noch immer nichts gefunden. Jetzt erinnert er sich aber an ein Obdach für die Hirten, wohin er sich in seiner Jugend manchmal geflüchtet hatte, wenn seine Brüder sich damit vergnügten, ihn zu quälen. Außerdem hat ihn gerade jemand auf diese Möglichkeit des Unterkommens hingewiesen. Sogleich begibt er sich nun in diese Richtung, ohne noch länger zu zögern.

Diese Unterkunft ist eine in den Felsen gehauene Höhle. Sie ist dunkel und voller Schmutz. Joseph bereitet für seine Gattin einen Ruheplatz vor der Grotte, der von der Abendsonne erwärmt wird, dann begibt er sich daran, diesen unwirtlichen Ort bewohnbar zu machen. In seinem Gepäck hat er eine Lampe, die er jetzt anzündet. Das schwache und flackernde Licht belebt nun den Raum, der bis dahin so ungastlich war. Mit einigen

Armen voll Heu bereitet er ein Lager und breitet eine warme Decke darüber aus. Als alles fertig ist, stärken sie sich beide draußen an der frischen Luft mit Brot und Schafskäse. Sie trinken aus einer umflochtenen Flasche, die sie am Brunnen gefüllt haben. Das Wasser ist mit Wein vermischt; Joseph pflegt ihn mit Thymian und Zimt zu würzen.

Inzwischen hat sich die Dämmerung über die friedliche und schweigende Landschaft ausgebreitet; ein Nachtvogel stößt von Zeit zu Zeit seine melancholischen Rufe aus, während der Himmel sich mit Sternen schmückt.

Myriam streckt sich auf dem improvisierten Lager aus. Joseph bedeckt sie zart mit der dichten und warmen Decke, auf der sie während der Reise gesessen hatte. Die Einsamkeit des Ortes, die Ruhe nach der Aufregung des Tages, vor allem aber die Erwartung, dass der Gesandte des Herrn geboren werden soll, all das erfüllt ihr Herz mit einer Freude, die sich in Glückseligkeit wandelt. Sie sind letzten Endes beide glücklich, in Bethlehem keine Unterkunft gefunden zu haben. Statt dieses wohltätigen Friedens, den sie hier mit Freude verkosten, wären sie von Lärm und Geschrei umgeben gewesen...

Mit diesen glücklichen inneren Gefühlen stimmt Myriam, ehe sie einschläft, einen Lobgesang an, den Psalm 148: «*Lobt den Herrn vom Himmel her... Lobt ihn, ihr leuchtenden Sterne... Lobt den Herrn von der Erde aus...*» Sie hat noch nicht geendet, als sie überwältigt von Müdigkeit schon sanft eingeschlafen ist.

Joseph hat sich draußen unter einem Felsvorsprung niedergelegt, er rollt sich in eine Decke ein und ist sofort eingeschlafen.

Er ist geboren!

An diesem Tag sind die neun Monate seit der Verkündigung durch den Erzengel Gabriel abgelaufen...

Plötzlich um Mitternacht wird die Höhle von Licht
überflutet. Das Licht wird immer strahlender, so dass
Joseph draußen auf seinem Lager erwacht. Er wagt es
jedoch nicht, sich zu bewegen. In seinem Herzen hallen
die Worte wider, die der Engel ihm gesagt hatte: «*Was in
ihr gezeugt worden ist, stammt vom Heiligen Geist; sie
wird einen Sohn gebären, ihm sollst du den Namen Jesus
geben, denn er wird sein Volk von seinen Sünden erlösen.*»

Joseph ist auf seinem Lager wie gebannt. In seiner
großen Sensibilität ist er sich bewusst, dass Israel eine
Stunde von entscheidender Bedeutung für sein Geschick
durchlebt. Und Myriam ist deren Instrument. Die ihm
selbst dabei zukommende Aufgabe wird darin bestehen,
der Beschützer seiner Gattin und des Kindes zu sein. Er
wird der Garant sein für die Beobachtung des mosaischen Gesetzes. Welch eine Bestimmung! Ein Gefühl
des Stolzes, mit edler Furcht gemischt, erfüllt ihn. Seine
Seele ist ganz erleuchtet durch das spontan zum Himmel aufsteigende Lob. Er ist ganz überwältigt von Freude.

Plötzlich ist ein unendlich sanftes Weinen zu hören.
«Jesus!» flüstert er hingerissen, er, der Nährvater, und
ganz tief verneigt er sich, mit dem Haupt zur Erde. Und
jetzt ruft ihn Myriam mit freudiger Stimme. Er tritt in die
Höhle ein. Die Mutter hat ihr Kind in Windeln einge-
wickelt. Sie hält es ihrem Gemahl entgegen. Er nimmt
es, drückt es an sein Herz und plötzlich steigt in ihm

mächtig das Bewusstsein der Vaterschaft au (s. Anhang, S. 250). Und er weiß, dass das kleine Herz, das da gegen das seine schlägt, das des Messias von Israel ist.

Joseph sagt Gott Dank, die Augen in Tränen gebadet. Sein ganzes Leben tritt in diesem Augenblick in eine neue Phase ein. Er ist nun mit einer erhabenen Aufgabe betraut, wie sie noch niemals einem Manne zugefallen war, noch es jemals sein wird: an der Seite der wunderbarsten aller Mütter das durch den Geist Gottes gezeugte Kind zu erziehen, zu schützen, zu leiten und es ins Leben einzuführen, bis es erwachsen ist. Wie froh ist er beim Gedanken an die glücklichen Jahre, die sie alle drei erwarten! «Warum ich, ein armer Diener geringer Herkunft, o mein Gott, warum hast du mich erwählt, ausgerechnet mich, Joseph von Bethlehem, den seine Brüder verstoßen haben? Wie immer es auch sei, ich werde die unvergleichliche Sendung, die du mir anvertraut hast, auf mich nehmen; und ich werde sie mit der allergrößten Liebe und Treue erfüllen.» Und nun hebt Joseph das Kind zur Decke der Höhle empor in einer Geste der Aufopferung an den Herrn. Dann reicht er es seiner Mutter zurück und schaut es noch lange an; in diesem feierlichen Augenblick kristallisiert sich die ganze Liebe Gottes in dieser äußersten Armut der Höhle auf dem Felde von Bethlehem.

Der himmlische Lobgesang der Engel

In dieser, für die Menschheitsgeschichte besonderen Nacht, zur Stunde der vierten Nachtwache, sehen mehrere Hirten, die auf dem Felde nicht weit von der Höhle ihre Herden hüten, plötzlich am östlichen Himmel ein seltsames Leuchten. Es wird langsam stärker und verwandelt sich in eine leuchtende Wolke, die zu ihnen herabzusteigen scheint. Welch ein strahlender Glanz! Da werden sie von Furcht ergriffen, die aber mit Freude und dem undefinierbaren Gefühl verbunden ist, bei einer nie dagewesenen himmlischen Erscheinung zugegen zu sein. Sie haben nicht die Zeit, ein Wort des Erschreckens oder des Staunens auszusprechen, und schon vernehmen sie aus der leuchtenden Wolke einen wunderbaren, nie gehörten Gesang. Gleichzeitig erscheint in der Wolke ein Engel; und ein intensives Licht umgibt die Hirten. Indem sie sich an die Heilige Schrift erinnern, fragen sie sich: *«Ist das nicht das Licht der Herrlichkeit des Herrn?»* Da empfinden sie wieder große Furcht. Im selben Augenblick richtet der Engel das Wort an sie: *«Fürchtet euch nicht, denn ich verkündige euch eine große Freude, die dem ganzen Volk zuteil werden soll. Heute ist euch in der Stadt Davids der Retter geboren; er ist der Messias, der Herr. Und das soll euch als Zeichen dienen: Ihr werdet ein Kind finden, das in Windeln gewickelt in einer Krippe liegt»* (Lk 2,10-12). Kaum haben sie diese beglückende Botschaft vernommen, als der ganze Himmel sich mit unzählbaren Engeln erfüllt. Sie stimmen jenen Gesang an, der alle Jahrhunderte hindurch bis ans Ende der Zeit in der Welt ertönt: *«Ehre sei Gott in der Höhe und Friede auf Erden den Menschen, die er liebt!»* (Lk 2,14). Und die ihn ihrerseits lieben, wie diese Hirten auf dem Felde von Bethlehem.

Sie verlieren keinen Augenblick und eilen hin zur Höhle, die sie ja gut kennen, denn sie benutzen sie manchmal als Unterstand für sich und ihre Tiere. Sie wissen auch, dass ein junges Ehepaar darin wohnt, das dort eine Geburt erwartet. Als sie vor der Höhle ankommen, bleiben sie einen Augenblick stehen, von Neugier ergriffen, aber auch von Furcht, sich in der Gegenwart des Gesalbten des Herrn zu befinden und besonders, weil gerade sie es sind, die Ärmsten der Armen, die bei den Bewohnern der Stadt so verachtet sind.

Als sie eintreten, welch wundersame Überraschung! Sie befinden sich bei armen Leuten, wie sie selbst es sind, und da ist ein Neugeborenes, das in einer Futterkrippe liegt! Ein ganz armes Ehepaar, aber strahlend vor Glück, neben der Krippe, wo ihr Kind friedlich schläft. «Dies ist also die Hoffnung Israels», sagen sie sich, erstaunt, den Messias nicht in einem Palast zu finden, wie das Volk es sich vorstellt, und gleichzeitig voll Freude, denn nach der wundervollen Erscheinung am Himmel können sie nicht den geringsten Zweifel haben, sich in Gegenwart des dem Volke verheißenen Messias zu befinden.

In ihrer Einfalt fragen sie sich, wie ein so demütiger und bescheidener Retter die heidnische Besatzungsmacht aus ihrem Lande, das diese sich angeeignet hat, wohl vertreiben kann. Ganz spontan knien sie vor der Krippe nieder; aus ihren Herzen steigt ein Gebet der Dankbarkeit und der Anbetung auf zum Herrn. Sie können sich nicht vorstellen, in Gegenwart seines einzigen Sohnes zu sein, aus Myriam geboren und gezeugt durch den Heiligen Geist Gottes. Sie haben indessen niemals ein solches Glück gekannt, hervorgerufen von der intensiven Glut, die in ihren Herzen brennt.

Nun bringen sie Joseph und seiner Gemahlin ihre bescheidenen Gaben dar, das einzige, was sie besitzen: Milch und Käse von ihren Schafen.

Erst im fahlen Licht des frühen Morgens, als die Sterne noch am Himmel sichtbar sind, verlassen sie die Höhle, brennend vor Verlangen, mit den Bewohnern von Bethlehem die Freude zu teilen, die ihnen zuteil geworden ist. *«Und alle, die es hörten, staunten über die Worte der Hirten»* (Lk 2,18).

Ein Stern führt die heidnischen Könige zur Höhle

Die nächsten Tage verlaufen in einem unbeschreiblichen Glück. Durch die Erzählungen der Hirten bewogen, begeben sich zahlreiche Bewohner von Bethlehem zur Grotte. Myriam zeigt ihnen das neugeborene Kind mit einem Lächeln von unbeschreiblicher Anmut, das ihre überirdische Schönheit erstrahlen lässt.

Acht Tage sind vergangen. Nun muss das Kind beschnitten werden, wie es der Herr einst dem Abraham befohlen hat: *«Alles, was männlich ist unter euch, muss beschnitten werden»* (Gen 17,10). Das ist auch der Tag, an dem Joseph die dem Vater vorbehaltene Ehre zukommt, dem Neugeborenen einen Namen zu geben. *«Er soll Jesus heißen.»* Ja, er ist es, *«der sein Volk von seinen Sünden erlösen wird»* (Mt 1,21). Das, was niemand in Israel sich vorstellen konnte, ist die Tatsache, dass der Herr in Jesus für alle Menschen auf Erden einen Retter gesandt hat. Einen Retter für Zeit und Ewigkeit...

Die Beschneidung wird in dem von den Vorfahren überlieferten Ritus vollzogen, in Gegenwart von drei

Priestern. Einer von ihnen hält das Feuersteinmesser für die Operation in der Hand, er ist der «Mohel», ein in diesem heiklen Ritus Erfahrener.

Nun ist Jesus nach dem überlieferten Glauben mit dem Zeichen der Zugehörigkeit zum Bund gekennzeichnet und rituell gereinigt. Wer könnte sich vorstellen, dass einmal im Namen dieses Kindes, das so demütig unter den Demütigen, aber der Sohn des lebendigen Gottes ist, alle Reinigung vollzogen wird, nicht nur die rituelle, sondern die sakramentale, und zwar im österlichen Mysterium, welches das Leben, den Tod und die Auferstehung dieses armen Neugeborenen aus der Grotte von Bethlehem offenbar werden lässt? Jedwede Reinigung für alle kommende Zeit.

Das Festmahl vor der Grotte

Elisabeth hat durch einen Traum von dem freudigen Ereignis der Geburt von Myriams Kind erfahren. Sie will es besuchen kommen, aber zunächstbereitet sie in aller Eile Lebensmittel vor, die sie durch den Diener zu ihrer Kusine schickt. Dieser begibt sich mit einem schwer beladenen Reittier auf den Weg.

Dank dieses Proviantes hat Myriam eine gute Mahlzeit vorbereiten können, um das Fest der Beschneidung zu begehen. Die Tradition will es so. Vor der Grotte, unter einer Art Laube, nehmen die Gäste das bescheidene Festmahl ein. Ihre Gäste sind die drei Priester und die Frau, die ihnen assistiert, sowie vier Bettler, die Joseph eingeladen hat, wie die Tradition es will. Während der in Fröhlichkeit eingenommenen Mahlzeit betrachtet Myriam voll Zärtlichkeit ihren Gemahl, wie er so aufmerksam die Gäste bedient. Sie ist ganz bewegt zu sehen, wie er sich liebevoll besonders den Bettlern zuwendet. «Danke, Herr, für Jesus, das Kind meines Schosses; und danke für Joseph, einen so liebenswürdigen und zuvorkommenden Gemahl», betet sie in ihrem Herzen. In der folgenden Nacht weint das Neugeborene oft. Myriam und Joseph wiegen es abwechselnd in ihren Armen, bis es wieder einschläft, während es im Schlaf noch immer leise wimmert. Die Mutter selbst hat sich noch nicht ganz von dem Schock erholt, als der Mohel ihr Kind operiert hat, das dabei einen langen herzzerreißenden Schrei ausstieß. Indessen verblasst allmählich das unerträgliche Bild der abgeschnittenen Vorhaut und der Wunde, aus der das Blut geflossen ist.

Drei Tage nach der Beschneidung, während Joseph sich darum bemüht, die Höhle zu reinigen und aufzuräumen, hört er plötzlich, wie Myriam, die draußen in der Sonne sitzt und ihr Kind stillt, einen Schrei der Freude und der Überraschung ausstößt. «Elisabeth, Zacharias!» Ihre Kusine kommt mit ihrem Gemahl zu Besuch, und o Wunder, sie haben ihr Kind mitgebracht, das Elisabeth in den Armen hält. Sie sind mit einem Wagen gekommen, der von zwei kräftigen Eseln gezogen wird. Die Nacht haben sie in Jerusalem verbracht, von wo sie früh am Morgen aufgebrochen sind.

Die beiden Kusinen begrüßen sich mit größter Herzlichkeit; jede ist glücklich, das Kind der anderen zu betrachten und zu sehen, wie schön es ist. Elisabeth neigt sich mit ehrfürchtiger Liebe über Jesus, sie küsst sein kleines Händchen und nimmt ihn in ihre Arme. Myriam macht das gleiche mit Elisabeths Kind und bedeckt es mit Küssen. Die beiden Frauen sind voller Glück; Joseph und Zacharias schauen mit innerer Bewegung zu.

Die Besucher bleiben drei Tage. Sie haben in einer Herberge von Bethlehem eine Unterkunft gefunden. Der Strom der Reisenden, die gekommen waren, um sich aufschreiben zu lassen, nimmt von Tag zu Tag ab.

Es sind drei unvergessliche Tage mit intensiven Gesprächen und Lobliedern auf den Herrn. Als sie sich trennen, bedauern Myriam und Joseph, dass sie sich nicht endgültig in Bethlehem niederlassen können. Dann würden sie sich nämlich öfter sehen... Aber Myriam muss sich um ihre alte Mutter kümmern, und Joseph hat seine Werkstatt in Nazareth. Glücklicherweise können sie sich einmal im Jahr sehen, wenn sie zum Paschafest die große Pilgerreise nach Jerusalem unternehmen.

Nach der Abreise ihrer Gäste sind Myriam und Joseph noch gezwungen, einige Wochen in Bethlehem zu bleiben, um sich vierzig Tage nach der Geburt dem Ritus der Reinigung der Mutter und der Darstellung des Neugeborenen im Tempel zu unterwerfen. Inzwischen können die Mutter und das Kind zu Kräften kommen. Sie haben sich schließlich an das Leben in der Grotte und ihrer Umgebung gewöhnt. Dieser friedliche Ort sagt ihnen zu, denn sie können sich hier in Ruhe der Kontemplation hingeben, und die Landluft tut ihnen gut, ebenso wie die Sonne, die, seit Jesus geboren wurde, Tag für Tag am unermesslichen blauen Himmel scheint. Sie wollen sich am Tag, der auf einen der nächsten Sabbate folgt, auf den Weg machen.

Vierzig Tage nach seiner Geburt wird Jesus also erneut zum Tempel getragen, um dort dem Herrn geweiht zu werden, wie es für jeden männlichen Erstgeborenen vorgeschrieben ist. Gleichzeitig muss sich seine Mutter, für die wegen des Wochenbettes die gesetzliche Unreinheit besteht, dem Ritus der Reinigung unterwerfen, nachdem sie ein Lamm zum Brandopfer und eine Turteltaube geopfert hat. Das ist es, was Myriam tut. Dann opfert der Priester Gott die Opfertiere, er betet, indem er ihr die Hände auflegt, und reinigt sie so.

Nach dieser Zeremonie wird Jesus dem Herrn geweiht; zwei Turteltauben werden als Opfer dargebracht und zwei Silbermünzen in den Opferkasten gelegt.

Im selben Augenblick, da Jesus dem Herrn geweiht wird, kommt ein *«gerechter und frommer»* Mann herbei und nähert sich dem Kind. Dieser Mann, er heißt Simeon, wurde durch den Heiligen Geist belehrt, dass er nicht sterben werde, bevor er nicht den Messias gesehen hätte, ihn, den *«Trost Israels».* An diesem Tage *«kam er auf Antrieb des Heiligen Geistes in den Tempel».* Er nimmt das Kind in seine Arme und sagt, zum Erstaunen von Myriam und Joseph:

«Nun lässt du, Herr, deinen Knecht, wie du gesagt hast, in Frieden scheiden, denn meine Augen haben das Heil gesehen, das du vor allen Völkern bereitet hast, ein Licht, das die Heiden erleuchtet und Herrlichkeit für dein Volk Israel.»

Dann gibt Simeon das Kind seiner Mutter zurück und sagt zu ihr:

«Dieser ist dazu bestimmt, dass in Israel viele durch ihn zu Fall kommen und viele aufgerichtet werden, und

er wird ein Zeichen sein, dem widersprochen wird. Dadurch sollen die Gedanken vieler Menschen offenbar
werden. Dir selbst aber wird ein Schwert durch die Seele
dringen» (Lk 2,34.35).

Außer dem Propheten Simeon befindet sich dort
Anna, eine Prophetin, eine Tochter Phanuels. Sie ist
hochbetagt und Witwe. «*Sie hielt sich ständig im Tempel
auf und diente Gott Tag und Nacht mit Fasten und
Beten. In diesem Augenblick nun trat sie hinzu, pries
Gott und sprach über das Kind zu allen, die auf die
Erlösung Jerusalems warteten*» (Lk 2,37.38).

* * *

So wurde das heiligste der Kinder, Gottes Sohn,
geistlicherweise durch seine Eltern losgekauft, und die
heiligste der Menschentöchter, die Unbefleckte, von
ihrem Blutfluss gereinigt. Sanftmütig und demütig unterwerfen sie sich dem mosaischen Gesetz.

Die Vorahnung

Einige Tage vor der geplanten Abreise wird Myriam
von einer Vorahnung erfüllt: der eines nahe bevorstehenden bedeutenden Besuches. Sie teilt sich ihrem
Gemahl mit. Das ist genau die Stunde, in der diese
«Besucher» sich beim König Herodes befinden, um den
Ort zu erfragen, wo der «König der Juden» geboren worden sei. Es sind «Magier» aus dem Orient, und sie wurden
durch einen unbekannten Stern nach Jerusalem geführt.

Wer sind diese Magier? Sie sind gleichzeitig Priester
und kenntnisreiche persische Astronomen, vor allem
Sterndeuter und Wahrsager, sie gehören der Religion

des Zarathustra an. Diese predigen die Transzendenz Gottes; ihre Moral ist auf die Gewissheit vom Sieg der Gerechtigkeit gegründet. Eine Religion, die sehr nahe der des Evangeliums ist, das Jesus drei Jahrzehnte später predigen wird...

Einen Monat lang sind sie schon unterwegs und folgen einem unbekannten Stern, der sie gegen Sonnenuntergang führt. Dieser Stern macht sie neugierig, und dies um so mehr, als eine innere Stimme ihnen offenbart, dass sie am Ziel der Reise einen großen König sehen würden. Sie, die nicht aufgehört haben, im gestirnten Himmel den Sinn des Universums und des Geschickes der Menschen gesucht zu haben, sind davon überzeugt, dass der unbekannte Stern ihnen die Antwort auf ihre unaufhörliche Suche nach der Bestimmung des Menschen enthüllen würde. Sie sind zutiefst gläubig; alle ihre Bemühungen gehen dahin, das Mysterium zu entziffern, das das Menschenleben umgibt.

Fünf Wochen der Reise durch das Land der Meder und die fruchtbaren Landstriche, die durch die Flüsse Euphrat und Tigris bewässert werden, schließlich durch die große arabische Halbinsel liegen hinter ihnen, und nun bemerken sie in der Ferne Jerusalem, die Stadt des Königs David, fast unwirklich in ihrem fleckenlos strahlenden Weiß. Sie sind wie geblendet beim Anblick dieser blühenden Stadt, sie nähern sich dem Königspalast und verlangen, vom König empfangen zu werden, wobei sie den Grund ihrer Reise nennen.

Als sie vor den König Herodes geführt werden, stellen sie ihm sogleich die Frage: «*Wo ist der neugeborene König der Juden?*» (Lk 2,2).

Diese wichtige Frage haben sie einem durchtriebenen Usurpator gestellt, der von einem Idumäer und einer arabischen Prinzessin abstammt; einem blutrünstigen Diktator, einem Wüstling mit seinem eigenen Harem. Herodes, der wegen der Frage der sternkundigen Gelehrten äußerst misstrauisch geworden ist, weist sie darauf hin, dass er, ehe er auf ihre interessante Frage eine Antwort geben könne, die Priester und Schriftgelehrten seines Volkes zu Rate ziehen müsse. Er sagt sich, dass es sich dabei möglicherweise um den vom Volk erwarteten berühmten Messias handeln könnte.

Die Hohenpriester berichten Herodes von der Prophezeiung des Propheten Micha, der verkündet, dass der Retter Israels in Bethlehem-Ephrata geboren werden muss. Herodes ist sicher, dass er den boshaften Anschlag, den er in seinem ränkevollen Geiste plant, zu Ende führen kann: «*Geht und forscht sorgfältig nach, wo das Kind ist; und wenn ihr es gefunden habt, berichtet mir, damit auch ich hingehe und ihm huldige*» (Mt 2,8).

Nach ihrem Gespräch mit Herodes sehen die Magier mit unaussprechlicher Freude aufs neue am Himmel den seltsamen Stern, der sie bis nach Jerusalem geführt hat. Sie folgen ihm, indem sie durch das Südtor die Stadt verlassen. Von dort aus werden sie auf einem wenig benutzten Weg nach Bethlehem geführt. Schließlich bleibt der Stern klar und leuchtend stehen, oberhalb eines Hügels, zu dessen Fuß sich die Höhle befindet. Dorthin richten sie nun ihre Schritte, denn dies ist das einzige Obdach, das in dieser einsamen Gegend etwa bewohnt sein könnte.

In der Abenddämmerung kommen sie dort an. Im Licht einer Lampe, die das Innere der Grotte erleuchtet, entdecken sie, erstaunt und erfreut zugleich, eine junge Frau, die ein Neugeborenes in ihren Armen hält. Ihr zur Seite einen Mann, wahrscheinlich den Vater. Die Szene ist so schön und friedlich, die junge Mutter zeigt ein so sanftes Lächeln, und der Mann bittet sie mit einer so einladenden Geste einzutreten, dass sie sich ganz glücklich fühlen, ungeachtet der Armseligkeit des Ortes, während sie doch erwarteten, in einem Palast empfangen zu werden, der noch herrlicher wäre als der des Herodes. Der Stern, der sie zu diesem überraschenden Ort geführt hat, hat sie durch seine wunderbare Führung nicht in die Irre geführt; davon sind die orientalischen Astrologen zutiefst überzeugt. Daher geben sie unverzüglich ihren Dienern den Befehl, ihr Lager in der Nähe der Höhle aufzuschlagen und die Geschenke herbeizubringen, mit denen ihre Tiere beladen sind.

Myriam ist keineswegs überrascht über diesen Besuch der Gäste, die von so weit her gekommen sind. Eine Vorahnung seit mehreren Tagen und dann die Vision in der Nacht vor ihrer Ankunft haben sie schon in Kenntnis gesetzt, dass die erwarteten Besucher nach der Anbetung der Hirten, durch die Israel vertreten wurde, nun die nicht-jüdische Welt repräsentierten. Die ganze Welt fällt nieder vor Jesus, dem Messias!

Nachdem die Diener die kunstvoll verzierten Kästchen mit den Geschenken herbeigetragen haben, entnehmen die Weisen aus dem Stamm der Magier ihnen Gold, Weihrauch und Myrrhe: sie bringen diese Gaben mit tiefer Ehrfurcht dem Neugeborenen dar, von dem sie durch Offenbarung wissen, dass er König sein wird. Ein großer unvergleichlicher König, der Hirte der ganzen Menschheit.

Die gelehrten Magier verstehen die hebräische Sprache. Seit vielen Jahren schon haben sie die Heilige Schrift der Juden durchforscht, dieses Volkes, das sie schon seit langem kennenlernen wollten.

So verbringen sie den ganzen Abend mit begeisterten Gesprächen. Die Gelehrten erzählen der jungen Mutter und ihrem Gemahl die Wunder, die sie immer wieder entdeckt haben in der Betrachtung des nächtlichen Himmels, dessen Konstellationen sie alle kennen. Sie haben die Sternbilder nach der Stärke ihres Glanzes geordnet, indem sie der logischen Ordnung folgten, wie sie durch den griechischen Astronomen Hipparch aufgestellt worden ist. Keiner von ihnen hat indessen jemals den Stern gesehen, der sie bis zu dieser Grotte geführt hat. Myriam und Joseph hören voll Staunen diese Berichte an, von denen sie keine Ahnung hatten, außer dass der Anblick des gestirnten Himmels nicht aufgehört hat, ihre Seelen zu Gott zu erheben, «*der die Sterne gezählt hat und sie alle mit Namen ruft*» (Ps 147,4). Das abendliche Gespräch wird durch ein gemeinsames Gotteslob beendet. Die Gelehrten sind innerlich zutiefst bewegt durch alles, was ihnen diese Frau offenbart, die ungeachtet ihres so jugendlichen Alters von einer ganz unerwarteten Weisheit erfüllt ist. Mit seiner sanften Stimme bekräftigt Joseph den Eindruck der weisen Astronomen, dass sie sich in einer ganz außergewöhnlichen Gegenwart befinden. Was aber das Kind betrifft, so wissen sie, welches sein Schicksal ist...

Am nächsten Morgen machen sie sich wieder auf den Weg, sicherer als je, dass der seltsame Stern sie zum tiefsten Mysterium geführt hat, das ihnen jemals zuteil geworden ist. Noch lange Zeit werden sie versuchen, tiefer darin einzudringen, allerdings vergeblich...

Sie sind auf einem anderen Weg zurückgekehrt als der es war, der sie nach Jerusalem geführt hat. Sie sind im Traum gewarnt worden, nicht wieder zu Herodes zu gehen, da er dem Kinde Böses antun wollte.

Kapitel 9

Zurück nach Nazareth [2]

Kurze Zeit später, nachdem sie alle rituellen Vor-schriften erfüllt und die wundervollen prophetischen Worte von Simeon und Anna gehört hatten, begibt sich die kleine Familie auf den Weg zurück nach Nazareth. Sie überdenken die in Bethlehem und in Jerusalem statt-gefundenen Ereignisse unaufhörlich in ihren Herzen, und diese erfüllen sie mit unaussprechlicher Freude. Alles ist so wunderbar, so unwahrscheinlich und so un-vorstellbar, dass sie mit niemandem darüber sprechen können außer mit Anna, der Mutter von Myriam. Es braucht den Beistand des Heiligen Geistes, um all die wunderbaren Dinge zu verstehen, die sie erlebt haben.

Während des ganzen Weges zurück nach Nazareth stimmen sie Lobgesänge an, unterbrochen hier und da durch eine kurze Rast, während derer die junge Mutter ihr Kind stillt. Sie betrachtet es mit einem so sanften und zärtlichen Blick, wie niemals eine Frau auf ihr Kind geschaut hat, das sie mit ihrer Milch ernährt.

---

2. vgl. hierzu das Lukas-Evangelium, Lk 2,39

Als sie zu Hause ankommen, jetzt zu dritt, nehmen sie das glückliche Leben wieder auf, das sie geführt haben, nachdem Joseph durch den Engel über die göttliche Herkunft des durch seine Gattin erwarteten Kindes belehrt worden war.

Das Glück Annas, ihr Enkelkind in ihren Armen zu halten, übertrifft alles, was sie erlebt hat von dem Tage an, als sie selbst ihre Tochter bei ihrer Geburt an ihr Herz gedrückt hatte. Die nahe und ferne Verwandtschaft und auch die Freunde und Bekannten eilen herbei, als sie erfahren, dass Myriam mit ihrem Kind und ihrem Gatten zurückgekommen ist, nachdem sie so lange fort gewesen waren. Ah, wenn sie ihnen das glückliche, das unermesslich große Geheimnis mitteilen könnten, das sie in ihrem Inneren bewahren! Alle diese Menschen, die ihren Herzen so lieb sind, sehen nichts anderes als ein vor Glück strahlendes Ehepaar bei der Wiege ihres Kindes.

Das kleine Paradies von Nazareth

Während nun die Tage länger werden, ist Joseph vom frühen Morgen bis zur Abenddämmerung mit seinen Zimmermanns- und Schreinerarbeiten beschäftigt. Die Aufträge nehmen ständig zu. Er hat einen so guten Ruf, dass er immer mehr Kunden bekommt, nicht nur aus Nazareth, sondern auch von auswärts. Einen Teil seiner Zeit opfert er, um kostenlos bei den Armen die nötigsten Reparaturen vorzunehmen. Daher wird er von allen sehr verehrt und geliebt.

Myriam aber bemüht sich um ihr Kind, die Frucht ihres Schosses, mit dem unvergleichlichen Glück, das jede Mutter empfindet, die in allem dem göttlichen Gesetz gehorcht. Die kostbarsten Augenblicke sind die, wenn sie ihr Kind stillt. Dann singt sie leise die Wiegenlieder, die sie bei ihrer eigenen Mutter gelernt hat. Diese kommt jeden Tag sie besuchen; sie bleibt lange bei ihr und hilft ihr bei den vielfältigen Arbeiten im Haus. Wenn Myriam dem Kind die Brust reicht, betrachtet die Großmutter die beiden mit einem Blick, aus dem die ganze mütterliche Zärtlichkeit spricht.

So ist in Nazareth ein kleines Paradies wiedererstanden, ein getreues Abbild jenes anderen Paradieses, das der Mensch durch seine Sünde verloren hat...

Da erschüttert plötzlich wie aus heiterem Himmel ein drohender Donnerschlag den Frieden des Hauses. Es ist noch kein Monat vergangen, seit sie aus Bethlehem zurückgekehrt sind, als Joseph im Traum von einem Engel aufgefordert wird, unverzüglich zu fliehen: *«Steh auf, nimm das Kind und seine Mutter und flieh nach Ägypten; dort bleibe, bis ich dir etwas anderes auftrage, denn Herodes wird das Kind suchen, um es zu töten»* (Mt 2,13.14).

Dieser Schock erschüttert Joseph bis in die Tiefen seiner Seele. Ohne indessen auch nur einen Augenblick zu zögern, steht er auf und weckt seine Gemahlin, dann sucht er die unentbehrlichsten Dinge zusammen und auch die Werkzeuge, die es ihm ermöglichen, im Exil den Lebensunterhalt der Seinen zu verdienen. Die Morgenröte erscheint bereits am Firmament, als Myriam sich beeilt, ihre Mutter über die dramatische Wendung zu informieren, die ihr Leben so plötzlich in andere Bahnen geworfen hat.

Kapitel 10

Die Flucht nach Ägypten

Nachdem die Heilige Familie so brutal aus einem Dasein unvergleichlichen Glücks herausgerissen wurde, befindet sie sich nun in eiliger Flucht auf dem Weg zu einem unbekannten Ziel in einem fremden heidnischen Land. Sie sind betrübt, ja sogar niedergeschlagen. Wie kann man ihnen nur etwas Böses wollen, während alles in ihnen und um sie herum nur Frieden und Liebe ist! Die Heilige Schrift gibt jedoch Antwort auf diese beängstigende Frage: Seit dem Garten Eden versucht die Schlange Gott die Wesen zu entreißen, die er nach seinem Bild und Gleichnis geschaffen hat. Mit Hilfe des Herodes versucht der Böse, sich einer Beute zu bemächtigen, die in seinen Augen die kostbarste von allen ist. Ihre Ratlosigkeit ist jedoch nur von kurzer Dauer. Sie wissen, dass *«der Böse durch seine eigene Bosheit zugrunde geht»* (Pr 14,32) und dass *«der Böse an seiner Sünde sterben wird»* (Ez 3,18).

Für welche Zeit müssen sie aus Nazareth fliehen? Gott allein weiß es. Sie werden nämlich sehr lange fort sein. Bei ihrer Rückkehr wird das Neugeborene von Bethlehem, das Myriam in ihren Armen gewärmt hat, ein Knabe von sieben Jahren sein...

Für den Augenblick gehen sie einer dunklen, unbekannten Zukunft entgegen. In ihren Herzen aber sind weder die Hoffnung noch das Vertrauen geringer geworden. Joseph sagt oft: *«Wie der Adler, der sein Nest beschützt, so wacht auch der Herr Tag und Nacht über uns»* (Deut 32,11). Das wird wirklich so geschehen, sei es, um einer Gefahr zu entgehen, sei es, um den rechten Weg zu finden. An Gefahren fehlt es nicht, aber auch nicht an freudigen Überraschungen, sowohl auf dem Hinweg wie auch bei der Heimkehr.[3]

Ihr erster längerer Aufenthalt wird in Heliopolis sein – der Stadt der Sonne –, die kurz zuvor durch einen Krieg verwüstet worden war. An Arbeit fehlt es daher nicht, besonders nicht für Bauhandwerker. Joseph findet unverzüglich eine Arbeit, aber er beschließt auch, die *Beth-ha-Thephila*, das Gebetshaus der kleinen jüdischen Gemeinde des Ortes auszubessern, und schon bald ist er Mitglied des dortigen Ältestenrates.

Durch seine Güte und seinen freundlichen Charakter erobert er schnell die Herzen, nicht zuletzt auch deshalb, weil er einen Teil seiner Zeit dazu benutzt, den Armen und den mittellosen Witwen zu helfen, indem er ihre zerstörten Häuser repariert. Eine von ihnen schenkt ihm eines Tages eine Getreidemühle, die sie nicht mehr benötigt, da sie alt ist und nicht mehr die Kraft hat, den Mühlstein zu drehen. Als er eines Abends Myriam damit

---

3. Für eine ausführlichere Beschreibung der Flucht nach Ägypten, s. «Der heilige Joseph, Arzt der verletzten Seelen», Parvis-Verlag, 1999, S. 61-79

überrascht, um ihr dieses Geschenk von unschätzbarem Wert zu überreichen, drückt sie ihre Freude mit Jubelrufen aus und mit Lob und Dank für den Herrn. In jedem jüdischen Heim hat eine Getreidemühle einen bevorzugten Platz.

Nach zwei Jahren sehen sie sich wegen verschiedener Schwierigkeiten und einer großen Gefahr, der Myriam ausgesetzt war, der sie aber entkommen konnte, veranlasst, diesen ersten Zufluchtsort zu verlassen. Eines Morgens gehen sie schweren Herzens von Heliopolis fort. Die Leute aus der Nachbarschaft sehen, wie sie abreisen; viele von ihnen vergießen Tränen des Bedauerns, alle sind sehr traurig. Um die Getreidemühle und die neuen Werkzeuge transportieren zu können, hat Joseph einen zweiten Esel kaufen müssen.

Im Osten und im Westen breitet sich die Wüste aus. Sie wenden sich nach Süden und wandern den Nil entlang, welcher der Lebensstrom Ägyptens ist. Sie kommen durch Memphis, die kosmopolitische Stadt, die wegen ihres Kultes des örtlichen Gottes Ptah weithin bekannt ist, denn die Zerstörung von Heliopolis hat ihn auf den ersten Platz der heidnischen Gottheiten gerückt. Joseph führt nun Myriam und das Kind, die auf je einem der beiden Reittiere sitzen, zu einer kleinen Ortschaft mit Namen Matarea, die auf einer Landzunge an überhöhter Stelle erbaut worden ist.

Sie halten in der Nähe an, zwischen den verstreut umherstehenden Hütten. Eine von ihnen ist offensichtlich verlassen und unbewohnt. Während Myriam und ihr Kind sich von der langen und holperigen Wegstrecke erholen, gibt Joseph sich daran, die elende halbverfallene

Hütte bewohnbar zu machen. Dazu sind mehrere Tage harter Arbeit erforderlich.

Nach der Herrichtung der Wohnstatt folgt nun die Arbeit für den Lebensunterhalt. Joseph wird von einem Unternehmen eingestellt, das solide Wohnungen konstruiert, die von einem überdeckten Gang umgeben sind.

Eine erstaunliche Verwandlung

Kurz nach ihrer Ankunft machen sie Bekanntschaft mit einigen jüdischen Familien, die seit mehreren Generationen in den Hütten der Umgebung wohnen. Es sind arme und ungebildete Familien; in den vielen Jahren des Exils haben sie jegliche Kenntnis vom Kult Jahwes verloren, ohne jedoch den Glauben an die Existenz eines einzigen Gottes zu vergessen. Joseph versammelt sie an den Tagen des Sabbat. Er unterweist sie in den gottesdienstlichen Gebräuchen und verhilft ihnen zu würdigen Wohnstätten; denn mit der Zeit haben sie sich an ungesunde Unterkünfte gewöhnt, sogar an Kellerlöcher und stinkende Gruben.

Bereits nach einem Jahr hat sich das Leben in dieser Gemeinschaft von Grund auf gewandelt. Die Leute haben gelernt, sich zu achten und haben sich an eine ehrbare Lebensweise gewöhnt, ja mehr noch, sie haben den Herrn zum Mittelpunkt ihres Lebens gemacht.

Nachdem im zweiten Jahr die Reparatur der kleinen Hütten beendet ist, bauen die Männer eine große Halle; diese wird ihre *Beth-ha-Thephila* sein. Sie kommen hier an allen Sabbaten und Festtagen zusammen. Welch eine Wandlung in ihrem Leben! Ihre Herzen strömen über vor Dankbarkeit und Stolz, wenn sie sich in den *Faleth,* den Gebetsschal hüllen, der mit *Tsitits* besetzt ist, den Pompons mit acht Schnüren; sie tragen auch die *Tephilim,* kleine schwarze Lederkästchen, die an der Stirn befestigt werden, in denen Stellen aus dem Exodus und dem Deuteronomium enthalten sind. Mit Hilfe Myriams haben die Frauen diese Kultgegenstände gewebt, bestickt und zusammengenäht. Mit wahrer Begeisterung haben sie sich an diese so dankbare Aufgabe gemacht, einem Gefühl, das in dieser armen Gemeinschaft bislang ganz unbekannt war.

Myriam gibt sich nicht damit zufrieden, ihre Hände zu regen und ihre Geschicklichkeit auszuüben, sie versammelt auch regelmäßig die Frauen und Kinder. Sie lehrt sie, die hebräischen Schriftzeichen zu erkennen und die bekanntesten Stellen der heiligen Texte auswendig zu lernen. Vor allem belehrt sie sie über die Heilige Schrift und die heiligen Gesänge. Wenn die Frauen diese Zusammenkünfte verlassen, haben sie das erhebende Gefühl, neu geboren zu sein.

Wer diese unglücklichen und hoffnungslosen Stätten gesehen hätte und zwei Jahre später wieder dorthin gekommen wäre, der wäre vor Staunen außer sich gewesen und hätte seinen Augen nicht getraut. Aus verkommenen sozialen Verhältnissen haben Joseph und Myriam eine frohe Gemeinde gemacht, die im Rhythmus der wiederentdeckten religiösen Feste lebt.

Kapitel 11

Rückkehr nach Nazareth

Die Heilige Familie fühlt sich wohl in Matarea. Aber sie wissen, dass der Aufenthalt vorübergehend ist. Jede Nacht erwartet Joseph, seiner Berufung getreu, die Erscheinung des Engels, der ihm in Nazareth gesagt hatte: «*Flieh nach Ägypten; dort bleibe, bis ich dir etwas anderes auftrage*» (Mt 2,14).

Die Anweisung kommt kurz nach der Feier des fünften Paschafestes an den Ufern des Nil. Dieses Jahr war es besonders feierlich; Joseph hatte das Fest mit den Männern der Gemeinde vorbereitet und Myriam mit den Frauen. Wenn sie über die Heilige Schrift zu ihnen spricht, sind sie fasziniert; die Worte entströmen ihren Lippen gleich einer Engelsmusik. Die im Verborgenen von den Frauen vorbereitete Überraschung wird für immer im Gedächtnis der Gemeindemitglieder haften bleiben als des schönsten jemals erlebten Festes.

Aber ach, wenige Tage später ertönt wie eine Alarmglocke die Nachricht: Die Familie des Joseph kehrt nach Nazareth zurück, nachdem sie fünf Jahre lang in Matarea gewohnt hatte! Der so lange erwartete Engel des Herrn ist nämlich endlich Myriams Gemahl erschienen: «*Steh *auf, nimm das Kind und seine Mutter und zieh in das Land Israel, denn die Leute, die dem Kind nach dem Leben getrachtet haben, sind tot»* (Mt 2,20).

Jammerrufe ertönen überall in dem kleinen Ort. Frauen und Kinder vergießen heiße Tränen; die Frauen wegen ihrer Zuneigung zu Myriam, die sie aus ihrer Unwissenheit und ihrem unglücklichen Dasein befreit hatte; die Kinder, weil sie ihren kleinen Freund verlieren: Jesus hatte sie jeden Tag um sich geschart und ihnen Geschichten aus der Heiligen Schrift erzählt, die seine Mutter ihm früher abends leise erzählt hatte, ehe er einschlief. Die Bilder von Mose, Abraham und David waren vor seinem hingerissenen geistigen Blick vorbeigezogen, sie hatten ihn ebenso fasziniert wie die sanfte und melodische Stimme seiner Mutter. Nun ist er es, der seine kleinen Freunde an dem gleichen Entzücken teilnehmen lässt. Was aber die Männer betrifft, so fühlen sie sich brutal verlassen und Waisenkindern gleich, obwohl Joseph seit mehreren Jahren seine Nachfolge vorbereitet hat, indem er Eleazar, den für seine Nachfolge Geeignetesten, zum Haupt der Gemeinde herangebildet hat, indem er ihn in die Verantwortung einführte.

Sie überlassen ihre bescheidene, aber hübsche Wohnung einer Mutter mit drei kleinen Kindern, deren Mann kurz zuvor auf einer Baustelle von Memphis von einem großen Stein erschlagen worden war. Sie lassen in der Wohnung alles, was sich darin befindet, zurück, einschließlich der aus Heliopolis mitgebrachten Getreidemühle.

Am Morgen ihrer Abreise wollen die Verabschiedungen kein Ende nehmen. Alle sind bedrückt und vor

Schmerz innerlich zerrissen. Da ist kaum ein Antlitz, das nicht von Tränen überströmt wäre. In dem Augenblick, als sie endlich aufbrechen und die beiden kräftigen Reittiere die ersten Schritte machen, ertönt ein herzzerreißender Schrei, der das Herz von Myriam und Joseph durchdringt. Jesus dreht sich um und grüßt mit seiner kleinen Hand als Zeichen der Liebe und des Trostes. Es war die Witwe mit den drei kleinen Kindern, die diesen Schrei zum Himmel gesandt hatte. Darin vermischten sich ihr Kummer, sie abreisen zu sehen, mit der Danksagung für alles, was sie und ihre Kinder Gutes durch die Heilige Familie erfahren hatten.

Der tragische Tod des Zacharias

Der Engel hatte Joseph wissen lassen, dass er sie während der ganzen Reise begleiten würde, und so durchqueren sie das Land Ägypten ohne Zwischenfall. Die Sonne brennt hingegen unbarmherzig auf sie nieder, während sie die Wüste durchqueren; und um sich zu schützen, tragen alle drei auf dem Kopf Rindenstücke, die mit einem Tuch unter dem Kinn festgebunden sind. Glücklicherweise sind die Nächte kühl und erholsam; sie haben genügend Wolldecken bei sich. Als der Schmerz über die Trennung von Matarea sich ein wenig gelegt hat, gewinnt die Freude, bald Nazareth wiederzusehen, die Oberhand.

Zuvor aber freuen sie sich auf die Begegnung mit Elisabeth und Zacharias und Jesus auf die mit Johannes... Sie machen einen Umweg, um sich nach Jutta zu begeben. Aber ach, sie finden Elisabeth ganz untröstlich wegen des tragischen Todes von Zacharias. Er war von den Soldaten des Herodes gefoltert worden, als sie den «zukünftigen König von Israel» suchten, wie es der oberste Statthalter von Judäa befohlen hatte. Bei ihren Nachforschungen hatten sie von den Beziehungen zwischen Elisabeth und Myriam gehört.

Herodes hatte den Befehl erlassen, Elisabeth und ihr Kind zu ihm zu bringen. Er wollte sie selbst befragen. Die Soldaten kehrten zurück und berichteten, dass sie und das Kind unauffindbar seien. Zacharias als Gemahl und Vater behauptete, nicht zu wissen, wo sie waren. Herodes ordnete daraufhin an, Zacharias vor ihn zu führen; dieser aber blieb bei seinen Aussagen; daher befahl der Tyrann, ihn zu foltern, so lange wie er weiter bei seinen «schamlosen Lügen» verharrte. Zacharias wusste wirklich nicht, wohin seine Gemahlin mit dem Kind sich geflüchtet hatte. Als die Eheleute nämlich durch Joseph gewarnt worden waren, hatten sie beschlossen, dass die Mutter und ihr Kind sich aus Jutta entfernen sollten. Zacharias wollte nicht wissen, wohin sie gingen, um nicht lügen zu müssen, falls man ihn fragen würde; einen so großen Widerwillen hatte er gegen die Lüge. Daher wurde er so lange gefoltert, bis er starb.

Elisabeth war drei Jahre lang fortgeblieben. Sie hatte sich an den Rand der Wüste geflüchtet. Dank der Hilfe einer Gemeinschaft von zölibatär lebenden Essenern, die in der Nähe wohnten, konnte sie dort überleben. Sie begab sich oft zu dieser Gemeinschaft, um mit ihnen zu beten und das Gotteslob zu singen. Diese Essener waren davon überzeugt, dass die Ankunft des Messias nahe bevorstand. Elisabeth konnte ihnen jedoch nicht das schier unglaubliche Geheimnis mitteilen, das sie in ihrem Herzen bewahrte.

Als sie nach drei Jahren der Abwesenheit wieder nach Jutta zurückkehrte, erfuhr sie die erschütternde Nachricht vom Tode ihres Gemahls. Sie war untröstlich. Der Besuch ihrer Kusine mit ihrem Kind und Joseph ist für sie ein großer Trost. Mit inniger Zärtlichkeit drückt sie Myriam und Jesus an ihr Herz...

Um sie zu trösten, bleiben Myriam und die Ihrigen ungefähr zehn Tage in Jutta. Das ist Balsam für das verwundete Herz der Witwe! Da nun ihr Kummer gelindert wurde, hat Elisabeth jetzt wieder guten Mut. Als die kleine Familie sich wieder auf den Weg begibt, lässt sie eine Frau zurück, deren Herz zwar immer noch verwundet ist, die dem Leben aber wieder zuversichtlich gegenübersteht, zur größten Freude ihres Sohnes, der ganz bedrückt gewesen war, seine Mutter ständig weinen zu sehen. Jetzt kommt es sogar schon vor, dass sie etwas lächelt...

Nazareth

Als die Heilige Familie Samaria durchquert, bleiben die Reisenden zwei Tage im Haus einer samaritanischen Familie, die ihnen damals, zu Beginn ihrer Flucht nach Ägypten, eine überaus herzliche Gastfreundschaft gewährt hatte. In der letzten Zeit hat Myriam öfters von diesen Samaritanern erzählt. Von daher kommt ohne Zweifel die Sympathie, die Jesus für die Bewohner Samarias empfindet, die aber von den Juden als gesetzlich unreine Häretiker verachtet werden.

Als sie am Ende ihrer langen Reise endlich bei Sonnenuntergang Nazareth erblicken, am südlichen Abhang der Höhen, die die kleine Stadt umgeben, entströmt ein heißes Dankgebet ihren Herzen. Sieben lange Jahre waren sie so grausam fortgerissen worden. Daher bleiben sie ein wenig stehen, um diesen Augenblick ganz zu verkosten, der sie für alle erduldeten Leiden entschädigt. Dann steigen sie in festlicher Stimmung nach Nazareth hinab. Während Joseph die Esel führt, hält Myriam ihr Kind an der Hand; denn dieses letzte kurze Wegstück möchte sie zu Fuß zurücklegen. Unterwegs begegnen ihnen mehrere Einwohner von Nazareth, die sie trotz der Dunkelheit wiedererkennen; sie begrüßen sie auf das herzlichste und staunen über die Größe und Anmut des Kindes.

Ehe sie in ihr Haus eintreten, begeben sie sich zu Anna. Die Nacht hat sich schon über Nazareth gelegt. Myriam hört, wie ihre Mutter den Innenhof durchquert; sie trägt eine Lampe in der Hand. Anna wird bei ihrem Anblick fast ohnmächtig vor Freude, wenn sie auch seit mehreren Tagen durch eine vom Himmel inspirierte Vorahnung von der bevorstehenden Rückkehr gewusst hat. Die beiden Frauen umarmen sich lange Zeit, dann nimmt Anna auch ihren Enkel in die Arme: «Wie groß ist er und wie schön; ja, mein Kleiner, wie schön bist du», flüstert sie. Schließlich umarmt sie voll Herzlichkeit auch Joseph, und aus Herzensgrund dankt sie ihm, dass er Myriam und ihr Kind gerettet und heil und gesund wieder nach Hause zurückgebracht hat.

An diesem Abend und an den folgenden Tagen erzählen sie mit allen Einzelheiten, was sie in der Zwischenzeit erlebt haben. Während Joseph damit beschäftigt ist, ihr Haus wieder instand zu setzen, wohnen sie bei Anna, die ganz hingerissen zuhört und jede Einzelheit wissen will aus dem Leben der einzigen geliebten Menschen, die ihr noch geblieben sind. Vor einem Jahr hat sie ganz allein ihren siebzigsten Geburtstag feiern müssen.

Dann erzählt sie aus ihrem eigenen Leben, während der Jahre der Abwesenheit ihrer Lieben. Es war meistens ganz monoton, außer am Anfang, als Herodes erfahren hatte, dass der zukünftige König von Israel in Nazareth lebte. Seine Sendboten kamen, um ausführlich die alte Frau auszufragen. Schließlich schenkten sie ihr aber Glauben, da sie heftig ihre Unwissenheit betonte. Man vermutete, dass sie wusste, wohin sich die Familie ihrer Tochter geflüchtet hatte. Danach war ihr Leben ganz ruhig verlaufen. Wie das ganze Volk, so war auch sie entsetzt über die Grausamkeiten, welche die Armee des Herodes begangen hatte. Dieser war von allen verabscheut worden; und als er gestorben war, atmete das Volk endlich in Frieden auf.

Das entsetzliche Massaker der kleinen Kinder in der Region von Bethlehem hinterlässt tiefe Wunden, die sich erst mit dem Tod der in ihrem Herzen so grausam gequälten Mütter schließen. Eine von ihnen ist von Bethlehem geflohen. Ihre beiden Kinder, das eine von achtzehn Monaten und das andere von wenigen Wochen, sind vor ihren Augen von den Henkersknechten des Herodes niedergemetzelt worden. Seit dem tragischen Tod ihres Mannes ist diese arme Frau allein auf der Welt, sie ist ganz gealtert vor Kummer und sieht doppelt so alt aus wie sie ist. Myriam geht sie besuchen; sie trägt sie von da an in ihrem Herzen, wie auch alle Mütter und Väter der getöteten Kinder...

Das kleine Paradies ist wiedererstanden

Joseph macht sich daran, ihr Haus wieder herzurichten, das so lange verlassen dagestanden hatte. In wenigen Tagen ist es wieder sehr schön geworden wie damals, als Myriam darin schaltete und waltete. Jetzt erst führt ihr Gemahl sie in das Haus, das die kleine Welt der Myriam war und wieder sein wird. Vom Morgen bis zum Abend verlässt das Kind nicht seinen Vater; es hilft ihm immer, wenn es nötig ist.

Sie haben für die Mutter eine Überraschung vorbereitet und in Annas Garten Blumen gepflückt. Ein wunderschöner Blumenstrauß steht auf dem Tisch des Aufenthaltsraumes, als Myriam in ihr kleines Paradies hineingeführt wird. Als sie die Blumen sieht, bricht sie in Freudenrufe aus. Darüber sind ihr Kind und ihr Gemahl überglücklich.

Das Glück der ersten Tage nach ihrer Rückkehr bleibt sich immer gleich, Tag für Tag und Monat für Monat. Joseph hat mehr Arbeit gefunden, als er bewältigen kann. Er muss die Kunden warten lassen, was ihm sehr leid tut. Immer, wenn er in seiner Werkstatt arbeitet, ist Jesus bei ihm. Er hilft ihm so viel, wie sein zartes Alter und seine Unerfahrenheit es ihm erlauben. Schon seine einfache Gegenwart erfüllt das Herz des Vaters mit Freude und Dankbarkeit. Seit der Engel ihm den Ursprung der jungfräulichen Mutterschaft seiner Gemahlin geoffenbart hatte, hat seine Seele nicht aufgehört, sich in Dankliedern zum Herrn zu erheben. Er ermisst immer besser das in der Geschichte seines Volkes einmalige Privileg, der Hüter Jesu, des dem Volke Israel verheißenen Retters, zu sein.

Und mit welcher Liebe lehrt er, der Werkmeister des Holzes, sein Kind, den zukünftigen Werkmeister des Heiles der Menschen, die Handgriffe des Zimmermanns! Es ist dies für ihn eine Freude, denn Jesus begreift schnell und bewahrt mit gutem Gedächtnis die einzelnen Arbeitsgänge.

Von dem Jahr ihrer Rückkehr nach Nazareth an begibt sich die Heilige Familie jeweils zum Paschafest auf die Pilgerreise nach Jerusalem. Das ist eine jährliche Unterbrechung des Lebensrhythmus zur größten Freude aller. Im Tempel, wo Jesus seinem himmlischen Vater ganz nahe ist, vollzieht sich das Mysterium seines inneren Lebens...

So vergehen die nächsten fünf Jahre...

Kapitel 12

Jesus bei den Schriftgelehrten

Im *Pirke Aboth* – den «Denksprüchen der Väter» –
bestimmt der Talmud unter anderem auch die Phasen
des geistlichen Wachstums eines Kindes bis zum Alter
der gesetzlichen Volljährigkeit: «Mit fünf Jahren soll das
Kind mit dem Erlernen der heiligen Texte beginnen; mit
zehn Jahren soll es sich dem Studium der Traditionen
widmen; mit dreizehn Jahren soll es das ganze Gesetz
Jahwes kennen und die Vorschriften in die Praxis umset-
zen. Mit fünfzehn Jahren beginnt die Vervollkommnung
der Kenntnisse.»

Der Übergang vom zwölften zum dreizehnten Lebensjahr ist der des Übertritts vom Alter der Abhängigkeit
eines Kindes zu dem der Mündigsprechung. In diesem
Zusammenhang ist die Episode zu sehen, die Jesus und
seine Eltern in Jerusalem während ihrer jährlichen Pilgerreise dorthin betraf.

*«Die Eltern Jesu gingen jedes Jahr zum Paschafest
nach Jerusalem. Als Jesus zwölf Jahre alt geworden war,
zog er, wie es dem Festgebrauch entsprach, mit ihnen
hinauf»* (Lk 2,41.42). So war es Vorschrift, denn der Heran-
wachsende hatte soeben das Studium des ganzen Gesetzes

Jahwes beendet. Er musste infolgedessen den tiefen Sinn der österlichen Pilgerreise verstehen, nämlich das Gedenken des Auszugs aus Ägypten des hebräischen Volkes mit Hilfe des göttlichen Schutzes. Von da an sollte Israel sich in allen Dingen nur noch an Jahwe wenden. Das gilt auch für jedes einzelne Mitglied des Volkes. Seit seinem achten Lebensjahr begleitete Jesus seine Eltern schon nach Jerusalem. Die jährliche Pilgerreise ist ihm schnell zur Gewohnheit geworden.

Nun steht Jesus also an der Schwelle der Volljährigkeit. Das ganze Gesetz des Herrn hat er gelernt. Er besitzt es ganz, dank der empfangenen Gnade infolge seiner Gottessohnschaft und auch dank der glühenden Belehrung durch seine Mutter. Deshalb setzt er sich mitten unter die Gesetzeslehrer; er befragt sie und hört aufmerksam auf ihre Antworten. Er begnügt sich aber nicht damit, nur zuzuhören. Er kommentiert die heiligen Texte. *«Alle, die ihn hörten, waren erstaunt über sein Verständnis und über seine Antworten»* (Lk 2,47). Er hörte ihnen nämlich nicht nur zu und antwortete nicht nur auf ihre Fragen, sondern er befragte sie auch selbst. Die Tiefe seiner Fragen musste das Erstaunen der Gesetzeslehrer hervorrufen, ebenso wie auch seine Antworten auf jene Fragen, die sie ihm stellten. Das alles bewies eine außergewöhnliche Kenntnis der Heiligen Schrift, noch ehe er, drei Jahre später, mit der «Vervollkommnung der Kenntnisse» begonnen hatte. Was die Gesetzeslehrer natürlich nicht wissen konnten, war die Tatsache, dass dieses Wissen nicht nur das Zeichen einer ungewöhnlich großen und durchdringenden Intelligenz war, sondern das des Wissens um die Dinge jenseits dieser Welt. Nur Myriam und Joseph wussten um das Geheimnis. Und nicht einmal sie kannten alle seine Aspekte. Das zeigt der Dialog, der diese Episode beendet: «*Mein Kind, warum hast du uns das getan? Dein Vater und ich haben dich mit Schmerzen gesucht*», macht ihm seine Mutter zum Vorwurf. Dann hört sie voll Staunen die Antwort ihres Kindes: «*Warum habt ihr mich gesucht? Wusstet ihr nicht, dass ich in dem sein muss, was meinem Vater gehört?*» (Lk 2,48.49). Aber sie verstanden eine solche Antwort nicht, sie waren noch ganz unter dem Eindruck der drei Tage, die sie ihn unter Tränen gesucht hatten (vgl. Lk 2,50).

Eine erstaunliche Episode, ganz plötzlich am Ende der Kindheit, dem starken Licht eines Leuchtturms zu vergleichen, das ganz plötzlich den Ozean des Lebens des Gottessohnes erhellt. Dann verlöscht wieder alles, und das Dasein kehrt in die Alltäglichkeit zurück, die aus der gegenseitigen Liebe von Eltern und Sohn besteht. Die Uhr der Geschichte des Heiles der Menschheit lässt unaufhörlich eine Stunde nach der anderen verrinnen, bis die Tore sich ganz weit öffnen für die Verkündigung der Frohen Botschaft. Bis dahin sind es noch achtzehn Jahre des Schweigens.

Kapitel 13

Lichtstrahlen in einem langen Schweigen

Die Episode im Tempel hat eine lange Resonanz im Herzen Jesu und seiner Eltern. Die Gesetzeslehrer sind verärgert wegen des erstaunlichen Wissens dieses Jugendlichen, das ihre eigenen Kenntnisse übersteigt. Jesus fühlt sich deshalb noch lange nach der Pilgerreise bedrückt. Er ahnt, dass dieser Hochmut ihn verfolgen wird, wenn einst die Stunde kommt, um die Frohe Botschaft zu verkünden. Seine Frohe Botschaft, die von den einen mit Freude aufgenommen und von den anderen mit Ärger und Bissigkeit abgelehnt wird...

Die Überraschung für Jesus

Kurz nach der Rückkehr nach Nazareth wird heimlich in Annas Haus ein Fest vorbereitet, um das Alter der gesetzlichen Volljährigkeit Jesu zu feiern. Ein paar Dutzend Kinder seines Alters sind zum Fest eingeladen. Myriam und Joseph gehen mit dem Kind zu seiner Großmutter, wobei sie das Geheimnis noch immer hüten. Als Jesus das Haus betritt, wird er mit einem Lied begrüßt, worüber er zuerst sehr erstaunt ist. Dann aber lässt er seiner Freude freien Lauf, da er den Grund dieser Festversammlung errät.

Der Tisch ist wunderschön gedeckt und mit Grünpflanzen, Weinblättern und Ähren geschmückt. Nach dem Gebet gruppieren sich alle um ihren bevorzugten Freund, um köstliche kleine Brote und Trauben zu genießen. Gegen Ende der Mahlzeit ertönt ein Ruf: «Jesus, eine Geschichte!» Die jungen Gäste stimmen in diesen Ruf mit ein. Jesus hat ihnen nämlich schon oft Geschichten erzählt, und zwar in Form von Gleichnissen. Diese Gabe hat er von seiner Mutter; sie versteht es, die Geschichten, von denen es in der Bibel so viele gibt, mit Leben zu füllen. Froh gestimmt bittet Jesus nun seine Freunde, sich im Innenhof im Kreis um ihn herum zu setzen, in den Schatten eines riesigen Maulbeerfeigenbaums mit handförmigen Blättern. Mit seiner schönen Stimme, die wegen des Stimmbruchs nun tiefer geworden ist, erzählt er ihnen eine Geschichte, in der von einer Hochzeit die Rede ist, von großen Krügen mit Wasser, das in Wein von unvergleichlichem Wohlgeschmack verwandelt wurde, zur größten Freude der Hochzeitsgäste. Dann zieht einer der Freunde Jesu eine Flöte aus den Falten seiner Tunika und beginnt eine temperamentvolle Weise zu spielen, und alle beginnen um den Maulbeerfeigenbaum herum zu tanzen. Musik und Tanz sind für die Hebräer göttlichen Ursprungs. Hat der König David nicht die *Kinner*[4] gespielt und vor der Bundeslade getanzt? Die zu Ehren Jesu organisierte Festmahlzeit

---

4. Zither

kann nicht auf Musik und Tanz verzichten bei dieser einmal im Leben sich ereignenden Gelegenheit, nämlich der Erreichung dieser wichtigen Stufe der gesetzlichen Volljährigkeit.

Als es Abend geworden ist, gehen die jungen Leute auseinander, das Herz mit Freude erfüllt und die Seele noch ganz unter dem Eindruck der so harmonischen miteinander verbrachten Stunden.

Kapitel 14

Die letzten Jahre des heiligen Joseph

Schon als Jesus noch ganz klein war, liebte er es, sich in der Nähe seines Nährvaters aufzuhalten, schon in der Werkstatt und auf den Baustellen in Ägypten. Er bewunderte dessen Geschicklichkeit und Genauigkeit, wenn es galt, das Holz zusammenzufügen. Er ahmte ihn nach, indem er ihm zur Hand ging, wenn es sich ergab, wobei er seine beginnende Geschicklichkeit zeigte.

Die Werkstatt befindet sich in einem großen Raum; zwei von seinen Wänden sind in den Felsen gehauen, und von den beiden anderen, die im Süden und im Osten, besteht die eine aus mit Lehm verkleidetem Schilfrohr, während die andere solider ist und aus Ziegeln von gestampftem und mit Stroh vermischtem Lehm besteht. Diese Ziegel werden im Ofen gebrannt. Das sind die Steine der kleinen Leute, während die Häuser der Reichen aus Kalkstein erbaut sind, mit gehauenen Ecksteinen als Fundament. Die fertig aufgerichteten Mauern werden mit Kalk verputzt und getüncht.

Joseph hat eine Aushöhlung in den Felsen gehauen, um dort ein kleines Feuer zu unterhalten, auf dem er den Leim oder den Lack erwärmt. Das Holzfeuer hat im

Laufe der Jahre die Wand so sehr geschwärzt, dass sie wie geteert aussieht. Jedesmal, wenn Joseph das Feuer entzündet, wird die Werkstatt voller Rauch.

Jesus ist auch oft bei seiner Mutter. Er schaut zu, wie sie kocht, wie sie die Wolle spinnt und sie dann färbt und webt, um aus dem Stoff lange Tuniken zu nähen, mit denen er und sein Vater bekleidet sind. Als Jesus in das Alter der gesetzlichen Volljährigkeit eingetreten war, hat Myriam ihm einen weiten Überwurf genäht, den sie sehr schön mit goldenen Motiven verziert hat. Sie hat damit die einzigartige Sendung ihres Kindes ausdrücken wollen, wie sie von dem Engel der Verkündigung geoffenbart worden war: «*Du wirst einen Sohn gebären: dem sollst du den Namen Jesus geben. Er wird groß sein und Sohn des Höchsten genannt werden. Gott, der Herr, wird ihm den Thron seines Vaters David geben. Er wird in Ewigkeit herrschen...*» (Lk 1,31-33).

Konnte ihre Mutterliebe, die von da an diese Worte immer und immer wieder in ihrem Herzen erwägt, wohl ihrem Sohn für seine Volljährigkeit ein anderes Gewand wählen als diesen großen und weiten Überwurf, wie es die liturgische Kleidung des Hohenpriesters ist und gleichzeitig das Repräsentationsgewand berühmter Persönlichkeiten? Jene Kleidungsstücke sind allerdings weitaus kostbarer verziert als das, welches für Jesus bestimmt ist.

Sonnige Tage vor dem großen Schmerz

Viel Zeit verbringt Jesus auch in der Werkstatt oder auf den Baustellen, zu denen er seinen Vater begleitet. Die Mithilfe Jesu ist nämlich unverzichtbar geworden, besonders bei schwierigen Arbeiten, wenn es zum Beispiel darum geht, schwere Balken an die richtige Stelle zu bringen, oder wenn einzelne Stücke exakt zusammengefügt werden müssen. Wie glücklich ist Jesus jedesmal, wenn er seinen Vater sagen hört: «Ohne dich hätte ich es nicht geschafft!» Für Jesus ist dies das schönste Kompliment, von einem Handwerker ausgesprochen, den er bewundert, sowohl wegen seines Schönheitssinnes wie auch wegen seiner Kunstfertigkeit, und den er so sehr liebt wegen seiner Sanftmut und Zärtlichkeit.

Von Jahr zu Jahr wird Jesus größer, er entwickelt sich und bereitet seine zukünftige Sendung vor im Gebet, das er an seinen himmlischen Vater richtet. An jedem Sabbat betet er stundenlang in seinem kleinen Zimmer, nachdem er aus der Synagoge zurückgekehrt ist, wohin er seinen Vater begleitet hat. Wenn sie alle drei im gemeinsamen Gebet vereinigt sind, lässt er gleichsam Lichtstrahlen aufblitzen, die Frucht des Zwiegesprächs, das er ständig mit seinem Vater im Himmel führt. Myriam und Joseph verkosten diese aus dem Jenseits stammenden Worte als ein Aufstrahlen der Ewigkeit. Im Hause von Nazareth sind diese Abende und Sabbate jedesmal ein Vorgefühl der himmlischen Glückseligkeit...

Als Jesus sein zwanzigstes Lebensjahr vollendet hat, wird sein Vater krank. Schon seit einiger Zeit hat er seine Arbeit verlangsamen müssen, da er an starken Kopfschmerzen und an der Gicht leidet. Aber er beklagt sich nie und bewahrt sein schönes Lächeln, das er bei jeder Begegnung zeigt und mit dem er im Hause immer wieder Jesus und Maria erfreut.

Der Fortschritt der Krankheit, die auch von vermehrten Schmerzen begleitet ist, zwingt ihn dazu, mehrmals am Tag eine Ruhepause einzulegen. Seine Gemahlin drängt ihn, die Arbeit in der Werkstatt vollständig aufzugeben. Jesus kann ihn dort ersetzen. Der Erlös seiner Arbeit als Zimmermann und Schreiner genügt, um die kleine Familie zu ernähren; es bleibt auch noch genug übrig, um den Armen zu helfen. Joseph hat immer darauf geachtet, weitaus mehr als den Zehnten zu geben, der von der Heiligen Schrift vorgeschrieben ist. Joseph kehrt aber immer wieder in die Werkstatt zurück, sobald seine durch die Gicht verursachten Schmerzen es ihm erlauben.

Myriam widmet sich ganz ihrem Gemahl; sie pflegt ihn voller Liebe und bleibt bei ihm, soweit ihre Pflichten als Hausfrau es ihr erlauben. Sie findet auch noch Zeit, die Kranken in Nazareth zu besuchen, wie sie es seit ihrer Rückkehr aus Ägypten getan hat.

Im Lauf der Monate bemerkt sie, dass Joseph immer schwächer wird, ohne jedoch sein Lächeln zu verlieren; es zeugt jetzt von einer großen Kraft des Geistes, von einem Herzen, das brennt vor Liebe für die Seinen und für den Allmächtigen. So fährt er fort, uneingeschränkt alles zu geben, was er besitzt, denn *«der gute Mensch zieht aus dem Schatze seines Herzens Gutes hervor»*.

Die Krankheit lässt ihm bald nicht mehr die geringste Atempause; im Gegenteil, sie wird immer schlimmer. Myriam sitzt jetzt ständig an seinem Lager. Jesus kommt, so oft es ihm möglich ist; er berichtet ihm von seiner Arbeit, er bittet um seinen Rat und ist glücklich, wenn er sieht, wie sein Vater sich darüber freut. Kurz, eine ganz himmlische Harmonie herrscht wie immer in ihrem Haus, das die Heilige Familie in ein kleines Paradies verwandelt hat. Das Leiden ist jedoch allgegenwärtig, das körperliche, von der Krankheit verursachte Leiden, und das innere Leiden bei Myriam und ihren Sohn.

Josephs Tod

Die Krankheit dauert nun bereits acht Jahre! Acht Jahre, in denen die Seele Josephs immer gleich bleibt. Niemals ist eine Klage über seine Lippen gekommen, er bleibt immer ein lächelnder Kranker. Seine Seele ist vollständig gereinigt von jeder Spur der Erbsünde, die ja an die menschliche Natur gebunden ist. Joseph fühlt nun, dass sein Ende naht. In dem Maße, wie seine Krankheit fortschreitet, wird die Pflege, die seine untröstliche Gemahlin ihm Tag und Nacht angedeihen lässt, in immer größerem Mitleiden ständig liebevoller. Sie wischt die Schweißperlen von der Stirn des Kranken ab. Meistens hält sie seine Hand und drückt ihm von Zeit zu Zeit einen Kuss auf die glühendheiße Stirn. Sie rezitiert Psalmen, und die schwache Stimme ihres Gemahls begleitet sie. Wäre es nicht die Nähe des Todes und die quälende Gegenwart des Leidens, so könnte diese letzte Phase ihres nun schon an die dreißig Jahre währenden gemeinsamen Lebens die schönste sein, da sie erleuchtet ist von der unendlichen Zärtlichkeit dieser drei Herzen, die von so unermesslicher Liebe glühen.

Eines Tages kommt Myriam in aller Eile in die Werkstatt, wo ihr Sohn bei der Arbeit ist: «Komm, Jesus, deinem Vater geht es schlecht, er erstickt.» Jesus eilt in das kleine Zimmer, wo der Kranke nach Atem ringt. An diesem Morgen hat er ihn schon sehr schwach vorgefunden, aber wie immer von heiterer Gelassenheit und sogar strahlend vor Glück. Während der Nacht war Joseph nämlich in Ekstase getreten und hatte schon im voraus die vollkommene Glückseligkeit des Himmels erlebt. Jetzt aber ist es ohne Zweifel die Stunde der Agonie.

Mit äußerst geschwächter Stimme bittet Joseph seine Gemahlin und seinen Sohn, ihn zu segnen. Das Auflegen ihrer Hände erleichtert sichtbar seine Leiden. Er, dem nichts vorzuwerfen ist, bittet nun um Verzeihung für die Fehler und Unterlassungen, die ihnen auch nur den geringsten Kummer hätten verursachen können. «O mein vielgeliebter Gemahl», flüstert da Myriam; in seiner Nähe hat sie ja nichts anderes als ein schattenloses Glück gekannt. Der einzige Schmerz, den sie fühlen musste, hatte seinen Grund in dem qualvollen Zweifel ihres Gemahls, ehe der Engel ihm die Herkunft des erwarteten Kindes geoffenbart hatte. Es war ein so vollkommen verständlicher Zweifel...

Da nun das Ende unmittelbar bevorzustehen scheint, drückt Jesus einen innigen Kuss auf die glühende Stirn des Kranken, mit dem er seine grenzenlose Dankbarkeit gegenüber seinem Nährvater zum Ausdruck bringt, der ihn den Händen des Herodes entrissen und ihn durch das Exil gerettet hat, der ihn gemeinsam mit seiner Mutter Tag für Tag erzogen hat, in einem unvergleichlichen Glück, das aus Zärtlichkeit, Zuvorkommenheit und vollständiger Hingabe bestand. Tränen fließen über seine Wangen.

Dann trocknet Myriam ein letztes Mal das friedvolle Antlitz des Kranken, dessen letzte Augenblicke nun gekommen sind. Auch sie drückt nun einen innigen Kuss auf die glühende Stirn des Sterbenden. Einige der Tränen, die über ihr schmerzvolles Antlitz fließen, fallen auf das ihres Gemahls, im selben Augenblick, wo er seinen letzten Atemzug tut. Sogleich zeigen die abgezehrten Züge Josephs einen neuen Ausdruck, den der Glückseligkeit einer Seele, die in die ewige Anschauung des Allerhöchsten erhoben worden ist. Hier auf Erden ruht nun das Haupt des Toten auf der Schulter Jesu. Myriam schließt ihm die Augen, während sie vom Weinen erschüttert ist.

Kapitel 15

Myriam allein mit ihrem Sohn

Beim Begräbnis Josephs kommt die ganze Bevölkerung, um zu helfen. Sie alle bezeugen damit die einhellige Liebe und Wertschätzung für diesen stets lächelnden Handwerker, den Freund der Armen, der für jeden, den er auf den Wegen oder auf den Feldern traf, ein Wort der Ermutigung und des Segens hatte.

Der alte Mann, der für die Einbalsamierung zuständig ist, kommt eilends herbei, nachdem Myriam ihn gerufen hat, auch er ist ganz in Tränen aufgelöst. Wie der Brauch es verlangt, wäscht er den Toten und reibt ihn mit wohlriechenden Ölen ein, mit Myrrhe und Aloe von wunderbarem Duft, wovon das ganze Haus erfüllt wird. Dann hüllt er den Toten in ein Grabtuch und legt ein Schweißtuch um sein Haupt. Das ganze Dort kommt herbei, um im Obergemach den Toten zu sehen, dessen Antlitz unbedeckt ist.

Acht Stunden nach seinem Tod legt man seinen Leib auf eine Bahre, und zahlreiche Freunde des Zimmermanns geben sich die Ehre, einander bei dieser letzten Pflicht abzulösen. Da der Sarg offen gelassen ist, können alle den schönen Ausdruck ungetrübter friedvoller

Gelassenheit des Toten bewundern. Vor dem Sarg stützt Jesus seine Mutter, die ganz in Tränen aufgelöst ist. Der Brauch verlangt es, dass Frauen der Bahre des Toten voranschreiten, denn nach der volkstümlichen Interpretation war es Eva, die den Tod auf die Erde gebracht hat; daher ist es Sache der Frauen, dessen Opfer zu Grabe zu tragen. Niemand konnte ahnen, dass die neue Eva, vom Gottessohn gestützt, dem leblosen Leib des «Gerechten» Israels voranschritt.

Der Trauerzug wird von einem Flötenspieler angeführt, der seinem Instrument eine herzzerreißende Melodie entlockt, die unterbrochen wird von dem Jammergeschrei mehrerer Klageweiber. Als Myriam und ihr Sohn von dem Begräbnis zurückkehren, finden sie das Haus leer, denn die gute Gegenwart Josephs ist nicht mehr da. Mehr als je zuvor lässt seine schmerzhafte Abwesenheit sie fühlen, welch unvergleichlicher Mensch ihnen entrissen worden ist: in ihm vereinten sich Festigkeit und Sanftmut, Demut und der Stolz, von Gott erwählt worden zu sein, sein ganzes Leben lang den Sohn des Allerhöchsten und seine heilige, immer jungfräuliche Mutter zu leiten und zu schützen. Jesus ist außerdem ganz von Dankbarkeit gegenüber seinem Nährvater erfüllt, der ihm eine normale gesellschaftliche Stellung ermöglichte, indem er seine Mutter geheiratet hat, während sie beide sich verpflichtet hatten, jungfräulich zu bleiben. Myriam hatte ihrem Sohn dieses Geheimnis kurz nach seiner gesetzlichen Volljährigkeit mitgeteilt...

So leer ist es jetzt im Haus, und so lang und schmerzlich ist die Trauer. Da Myriam und ihr Sohn jedoch wissen, dass Joseph sich in der ewigen Seligkeit befindet, vermischen sich ihre Tränen in Hymnen der Danksagung und des Sieges über den Tod.

Das Leben trägt den Sieg über den Tod davon

So schmerzhaft auch die endgültige Trennung gewesen ist, das Leben fordert wieder seine Rechte. Myriam hat drei Jahre zuvor auch den Tod ihrer Mutter überwinden müssen. Diese beiden unvergleichlichen Menschen haben sie an die Hinfälligkeit alles Irdischen und auch an die Notwendigkeit erinnert, immer dem Herrn zu dienen. Ohne zu vergessen, dass auch der Herr diese zweifache Trauer gekannt hat, denn, *«er ist kostbar in den Augen des Herrn / der Tod seiner Frommen»* (Ps 116,15).

Myriams Leben wird jetzt noch viel einfacher. Die letzten Jahre hatte sie am Krankenbett ihres Gemahls verbracht; jetzt, da sie mit Jesus allein ist, sind ihre Bedürfnisse geringer geworden, und ihre Lebensweise ist sehr ernst und nüchtern. Nur einmal am Tag, zur sechsten Stunde, nehmen sie und Jesus eine einfache Mahlzeit ein: gekochtes Gemüse, ein Stück Fisch, Brot und Obst. Beide sind äußerst genügsam.

Jesus arbeitet weiterhin in seinem Beruf. Mit der Zeit aber verringert er die Stunden, die er mit seiner Arbeit verbringt. Er zieht sich in sein Zimmer zurück und gibt sich dort lange der Kontemplation hin, niedergestreckt, das Antlitz zur Erde. Unablässig spricht er mit seinem Vater. Er ruft den Heiligen Geist an und bittet ihn ohne Unterlass, das Herz derer zu öffnen, die ihn hören werden, wenn die Stunde gekommen sein wird, den Menschen die Frohe Botschaft zu verkündigen, deren

Formulierung sich in seinem Geist verdeutlicht. Schon seit langem hat Jesus sein dreißigstes Lebensjahr als die Zeit festgesetzt, da er das Wort Gottes öffentlich verkündigen wird.

Eine widersprüchliche Aufnahme

Inzwischen verhält er sich in seinen Beziehungen zu den Bewohnern von Nazareth, denen er begegnet oder für die er arbeitet, wie ein Gärtner, der das Erdreich vorbereitet, indem er es durch die Gnade und seine inspirierten Worte fruchtbar macht. Man gewöhnt sich daran, ihm zuzuhören, wenn es einen gelegentlichen Austausch gibt. Die einen verspüren dann in ihrem Herzen eine wohltuende Wärme; andere bleiben gleichgültig und nehmen seine Worte, die über das Alltägliche hinausgehen, für eine Besonderheit seines Geistes, dessen Lebhaftigkeit und Originalität man ja kennt. Niemand in Nazareth hat jedoch die geringste Ahnung von der kommenden Sendung ihres Mitbürgers. Niemand kann sich auch nur vorstellen, in Gegenwart des zukünftigen Messias zu sein, der von den Propheten verkündet worden ist, und dass dieser Nazarener, mit dem man über alles Mögliche spricht, einmal die Menschheitsgeschichte von Grund auf verändern und in ein neues Zeitalter führen wird und dass er mit denen, die ihm ähnlich und seine Jünger sind, eine neue Gemeinschaft ins Leben rufen wird, die das Ferment für die kommenden Jahrtausende ist.

Auch Myriam führt ein kontemplatives Leben, das sie nur unterbricht, um ihre kleinen Hausarbeiten zu verrichten, wie die Zubereitung der täglichen Mahlzeit und die Ordnung und Sauberkeit der Wohnung. Und selbst während dieser Zeit führt sie den inneren Dialog mit dem Herrn fort, wobei sie in ihrem Herzen ihren Sohn und ihren entschlafenen Gemahl mit eingeschlossen hat.

Jesus gegenüber zeigt sie wie immer eine völlig selbstlose mütterliche Liebe, wie einst in Bethlehem und in Ägypten. Im Laufe der Jahre und beim Näherkommen der Stunde, da er dem Volk seine göttliche Sendung offenbaren wird, lässt sie in ihrer Liebe eine Ehrerbietung erkennen, die die in ihrem Herzen wohnende Ehrfurcht nach außen hin sichtbar macht. Jesus ist zwar ihr Sohn, Fleisch von ihrem Fleisch, aber er ist auch der Sohn des Allerhöchsten, und die Gottesfurcht, die in ihrem Herzen wohnt, *«ist rein und unwandelbar für immer»* (Ps 19,10). So geschieht es, dass die unbefleckte Jungfrau nach und nach immer tiefer in das Mysterium der Allerheiligsten Dreifaltigkeit eindringt. Ist sie nicht die vollkommene Anbeterin dieses Vaters, von dem Jesus ihr auf geheimnisvolle Weise Kenntnis gibt? Ist sie nicht mit Gnaden erfüllt worden, hier in Nazareth, als der Heilige Geist in sie gekommen war?

Kapitel 16

Abschied von Nazareth und Beginn des österlichen Weges

Zwei Jahre nach Josephs Tod nähert sich die Zeit für Jesu öffentliche Wirksamkeit. Er und seine Mutter verlassen Nazareth und lassen sich in einem Dorf in der Nähe von Kafarnaum nieder. Ein reicher Mann namens Levi hat ihnen ein einsam gelegenes, von einem Wassergraben umgebenes Haus geschenkt. Dieser Mann ist der Heiligen Familie sehr ergeben, jeden Morgen schickt er ihnen durch seine Diener die einfache Mahlzeit für den Tag. Es ist ganz offensichtlich, dass Levi es auf Antrieb des Heiligen Geistes tut. Jesus, der das Herz dieses Freundes bis in seine Tiefen kennt, nimmt dankbar dieses Zeugnis seiner Güte an. Die Aufgaben Myriams sind nun leichter geworden, denn die Diener kümmern sich alle Tage auch um die Instandhaltung des Hauses. Sie tun es gern, denn noch nie sind sie mit solcher Liebenswürdigkeit, Respekt und sogar Zärtlichkeit behandelt worden wie durch diese Freunde ihres Herrn.

Jesus unternimmt eine kurze Erkundungsreise

Es geschah keineswegs freudigen Herzens, dass Jesus und seine Mutter Nazareth verlassen haben; aber schon seit langem schürten die Pharisäer einen heimlichen Widerstand gegen Jesus, da sie es nicht länger ertrugen, dass seine Kenntnisse die ihrigen übertrafen; in ihrer Verblendung halten sie diesen überragenden Einfluss für Arroganz. Es kommt sogar vor, dass sie durch seine nie gehörten Worte veranlasst werden, ihn der Gotteslästerung zu bezichtigen.

Drei Monate nach ihrer Ankunft im Hause des Levi vertraut Jesus seiner Mutter seinen Wunsch an, sich auf eine Rundreise zu begeben, die es ihm erlaubt, Freunde zu besuchen und auch diese Gegend kennenzulernen, wo der Beginn seines öffentlichen Lebens stattfinden soll. Myriam schnürt sich das Herz zusammen beim Gedanken an eine längere Abwesenheit ihres Sohnes; dennoch glüht sie vor Verlangen mitzuerleben, wie auch dem Volke die wundervollen Dinge verkündet werden, die er ihr seit langem anvertraut hat. So ist Myriam hin- und hergerissen – und sie wird es bis zum Ende sein – zwischen der Verherrlichung des Herrn und der jubelnden Freude ihres Geistes und dem drohenden Schwert, das ihr Herz durchbohren wird, wie Simeon es vorhergesagt hat.

Jesus wandert zuerst durch ein schönes, fruchtbares Land, dessen Schönheit sich seinem Herzen einprägt. Er sieht ausgedehnte Grünflächen dort, wo er später das Brot und die Fische vermehrt; er betrachtet die Höhe

und den sanften Abhang, wo er die Seligpreisungen verkünden wird...

Wie er auf seinem Wege weitergeht, kommt er bei
einem Volksfest vorbei. Unter einem Feigenbaum sieht
er einen Mann namens Natanael, der von einem heftigen
Verlangen des Fleisches gepeinigt wird, er sieht nämlich
eine bezaubernd schöne Frau, wie sie beim Tanzen un-
züchtige Gebärden andeutet. Als Jesus vorübergeht, wirft
er Natanael einen Blick zu, der ihn bis in seine Tiefen
trifft und ihm den inneren Frieden wiedergibt. Jesus geht
weiter und betrachtet einen anderen Mann mit dem gleichen Blick, er hat den Beinamen Bartholomäus...

Von dort aus begibt sich Jesus in Begleitung zweier
Freunde zunächst nach Hebron und dann nach Bethanien. Dort beeilt er sich, Lazarus und seine Schwestern
wiederzusehen, denn sie sind seine früheren Freunde.
Da sie sehr begütert sind, haben sie die Gewohnheit, der
Heiligen Familie zum Paschafest eine bedeutende Gabe
zu übersenden, um damit den Armen eine unbedingt
nötige Hilfe zukommen zu lassen und auch, um ihre
eigenen Herzen mit Freude zu erfüllen.

Nachdem Jesus das Haus des Lazarus verlassen hat,
begibt er sich in die Wüste, an denselben Ort, wo Elisabeth einst Johannes, ihren Neugeborenen, verborgen
hat, um ihn den Henkern des Herodes zu entziehen. Auf
dem Boden ausgestreckt, mit dem Antlitz zur Erde, tritt
Jesus dort, in der Nähe einer Grotte, in eine Kontemplation ein, die einen Teil der Nacht andauert, während am
Himmel die Sterne leuchten.

Bei der Rückkehr wandert er am Ufer des Sees Genezareth entlang, dann geht er durch eine Stadt namens

Dothaim. Er tritt in ein großes Haus ein, in dem sich viele bedauerswerte Menschen mit verwirrtem Geist befinden. Als sie Jesus sehen, fangen sie an, sich wie wild zu gebärden. Da spricht er mit großer Sanftmut zu ihnen, und sogleich tritt vollständige Ruhe bei ihnen ein.

Schließlich, nachdem er vier Wochen fort gewesen war, kehrt er nach Hause zurück, in das Dorf nahe bei Kafarnaum. Seine Mutter ist überglücklich, denn noch nie war sie so lange von ihrem Sohn getrennt. Das war aber nur die erste von vielen Abwesenheiten. Eine davon findet ihr Ende auf dem Hügel von Golgotha, wo der Sohn und seine Mutter beide das Herz durchbohrt haben, er durch einen Lanzenstich, der Wasser und Blut fließen lässt, und sie durch das Schwert, das, ohne zu töten, sie grausam verwunden wird.

Kapitel 17

Jesus tritt
in das öffentliche Leben ein

Sechs Monate nach seiner Rückkehr von der Wanderung, nachdem er nun sein dreißigstes Jahr überschritten hat, sagt er während einer Mahlzeit seiner Mutter, dass für ihn die Stunde gekommen ist, Israel den heiligen Willen seines Vaters im Himmel zu verkünden.

Im allgemeinen nehmen beide schweigend ihre tägliche Mahlzeit ein, mit inniger Danksagung für die köstlichen Speisen, die der himmlische Vater sich ausgedacht hat und für seine Kinder wachsen ließ. An diesem Tag aber treten sie zwar auch nicht aus der Danksagung heraus, die so wohltuend ist für das Herz, den Geist und den Leib, aber Jesus fühlt sich gedrängt, vor dem Schritt in das Unbekannte, von dem er weiß, dass er sowohl beseligend als auch bitter und kreuzigend sein wird, mit seiner Mutter die Gefühle zu teilen, die sein Herz bewegen. Im Wissen darum, dass diese Stunde unausweichlich einmal kommen muss, verbleibt Myriam ruhig und gelassen, da sie sich ja ganz dem Willen Gottes ausgeliefert hat. Sie kann jedoch ihr Mutterherz nicht daran hindern zu bluten, weil jetzt die Vertrautheit der dreißig Jahre gemeinsamen Lebens ein Ende hat.

«Jesus, mein vielgeliebtes Kind», sagt sie während der gemeinsamen Mahlzeit, «nun bist du an dem Wege angekommen, für den du in mir durch den Heiligen Geist empfangen worden bist. Da ich jetzt nicht mehr bei dir sein werde, segne ich dich aus Herzensgrund. Tag und Nacht werde ich dich segnen, während du deine Sendung erfüllst. Wenn du es erlaubst, werde ich oft in deiner Nähe sein. Deine Sendung ist auch die meinige, durch den allerheiligsten Willen des vielgeliebten Vaters im Himmel.»

«Ich lobe und preise ohne Unterlass meinen Vater im Himmel, dass er mir eine Mutter geschenkt hat, wie du sie bist. Ich werde jedesmal glücklich sein, wenn du mich auf meinem Weg begleiten kannst. Aber selbst wenn du nicht bei mir bist, wird mein Herz gestärkt sein durch unsere ständige Verbundenheit im Gebet...»

In diesem von Traurigkeit überschatteten Ton wird das Gespräch zwischen Jesus und seiner Mutter fortgeführt. Diesmal wird der Weggang endgültig sein. Die mütterliche Vorahnung sieht im Geiste die manchmal übergroße Härte des Weges, auf den sich ihr Sohn begibt. Er wird nun keine sichere Heimstatt mehr haben. Sie spricht darüber in ihrem gegenseitigen Austausch. Fast scheint es, dass ihre Vorahnung so stark ist, tief in ihrer Seele bereits die spätere Klage zu hören: «*Die Füchse haben ihre Höhlen und die Vögel ihre Nester, der Menschensohn aber hat keinen Ort, wo er sein Haupt hinlegen kann*» (Lk 9,58).

Am Ende dieser Mahlzeit, wo der Gedanke an ihr gemeinsames Los nicht anders kann als sich in eine sanfte Melancholie zu hüllen, erhebt sich Jesus, segnet seine Mutter und bittet sie, auch ihn zu segnen. Dann geht er hinaus und begibt sich auf den Weg, und bis zum Horizont folgt ihm der von Tränen verschleierte Blick seiner Mutter. Als Myriam schließlich die Tür hinter sich schließt, richtet sie einen flehentlichen Bittruf an den Vater im Himmel; denn sie weiß, dass harte Prüfungen ihren Sohn erwarten. Sie wird es sehr nötig haben, vom Herrn gestützt zu werden, um diese Prüfungen ertragen zu können, ohne daran zu zerbrechen.

Nach all dem, was sie an diesem bedeutsamen Tag durchlebt hat, setzt sie sich nun an den Tisch, den ihr Sohn endgültig verlassen hat; und heiße Tränen fließen lange Zeit über ihr schönes schmerzerfülltes Gesicht...

Kapitel 18

Erste Reaktionen auf dem messianischen Weg

Alle, die Myriam kennen, empfinden für sie eine überaus große Zuneigung. Zahlreich sind die Menschen, denen es eine Freude ist, sie zu besuchen. So erhält sie viele Nachrichten über das neue Leben, das Jesus jetzt führt. Er ist übrigens oft in der Gegend von Kafarnaum; die Leute wissen, wo sie ihn finden können; er ist dort «*daheim*» (Mk 2,1); seine Mutter ist dann überglücklich, wenn es auch nicht mehr die Vertrautheit der früheren Jahre ist. Als Myriam jedoch den Zustrom der Besucher sieht, wird sie sich bewusst, wie geöffnet die Herzen sind für die Ankündigung, dass das Gottesreich nahe ist.

Jesus begegnet Johannes dem Täufer

Viele von denen, die zu Jesus kommen, sind vorher von Johannes im Jordan getauft worden, nachdem sie ihre Sünden bekannt hatten (vgl. Mt 3,6). Als letzter Prophet des Alten und erster des Neuen Bundes verkündigt Johannes mit kraftvollen Worten und mit dem ihm innewohnenden Feuer das Kommen des Messias, dessen

Sandalen aufzubinden er nicht würdig ist. «*Schlangen-brut*», ruft er den Pharisäern und Sadduzäern zu, fordert sie aber gleichzeitig zur Bekehrung auf. Er bereitet die Herzen vor zur Taufe im Heiligen Geist und im Feuer.

Gerade an diesem Tag kommt Jesus von Kafarnaum her an den Ort, wo Johannes in den Wassern des Jordan tauft. Am Abend zuvor hatte er seiner Mutter beim Weggehen mitgeteilt, dass er die Absicht habe, Johannes aufzusuchen. Sie hat ihm nochmals die Erinnerungen Elisabeths erzählt und ihn gebeten, ihm ihre herzlichsten Grüße zu übermitteln. Johannes wird darüber zutiefst gerührt sein. Elisabeth, seine Mutter, hat ihm so oft von ihrer Kusine Myriam erzählt, die drei Monate lang bei ihnen gewohnt hatte. Was ihn am stärksten berührt hat, war die Tatsache, dass bei der Ankunft Myriams er, Johannes, den Elisabeth erwartete, «*in ihrem Leib gehüpft hat*» (Lk 1,41). Er hüpfte vor Freude...

Ebenso war es an diesem Tag, als Johannes sah, wie Jesus sich dem Orte näherte, wo er taufte. Da erbebte er vor Freude bis in die Tiefe seines Wesens. Erstaunt und erschüttert hört er die Worte: «*Taufe mich!*» – «*Wie? Du kommst zu mir? Ich müsste von dir getauft werden!*» Johannes aber gehorcht und tauft im Wasser des Jordan den, der im Heiligen Geist und im Feuer tauft.

Als er danach aus dem Fluss heraufsteigt, vollzieht sich die erhabene Theophanie, in der Johannes dem Täufer, der voll Bewunderung ist, das trinitarische Mysterium enthüllt wird: «*Das ist mein vielgeliebter Sohn, an dem ich Wohlgefallen habe*» (Mt 3,17).

Dieses Ereignis von besonderer Bedeutung, ganz am Anfang des öffentlichen Lebens Jesu, wird seiner Mutter am übernächsten Tag von einem aus Kafarnaum stammenden Jünger des Johannes mitgeteilt.

Genau an diesem Tag sah Myriam im Geiste eine sowohl wundersame wie auch entscheidende Episode in der Heilsgeschichte, nämlich die des neugeborenen Mose, wie er aus dem Wasser gerettet wurde (Ex 2,1-10). In ihrer mütterlichen Liebe leidet Myriam mit der Mutter des drei Monate alten Kindes, das diese in ein zuvor mit Pech abgedichtetes Papyruskästchen legt. Sie betet mit ihr, als sie das Kästchen in das Schilf am Nilufer legt. Während nun die Mutter des Mose, die nicht wusste, welches Schicksal ihr Kind erwartete, Gott anflehte, es zu behüten, sagt Myriam Dank für seine Errettung aus dem Wasser und ist gleichzeitig voll Bewunderung über die Klugheit der Mutter und ihrer Tochter.

Die Danksagung ist jedoch vermischt mit flehentlichen Bitten an den Vater im Himmel. Jesus ist fortgegangen, um zu verkünden, dass das Himmelreich nahe bevorsteht. Ist er jetzt nicht den unvorhersehbaren Ereignissen der Zukunft seines Volkes ausgeliefert, an das er seine Botschaft richtet? Wird er nicht verlassen sein, wie auch Mose es war in den Wassern des Nil, wo eine unvorhersehbare Zukunft ihn erwartete? In einer Sache ist Myriam jedoch sicher, absolut sicher: Wie Mose das hebräische Volk aus der Sklaverei in Ägypten gerettet hat, so wird auch Jesus sein Volk und die anderen Nationen aus der Sklaverei der Sünde erretten, und wie Mose die Hebräer in das verheißene Land geführt hat, so wird auch Jesus für jeden Menschen, der guten Willens ist, die Pforten zu einem kleinen *«Paradies des Segens»* (Sir 40,17) auf Erden öffnen, ehe er sie für die ganze Ewigkeit im wahren Paradies empfangen wird, wo der Heilige Geist sie die herrlichen Früchte vom Baume des Lebens verkosten lässt (vgl. Offb 2,7).

Myriam ist sich dessen absolut sicher, und zwar wegen der göttlichen Offenbarung bei der Verkündigung durch den Engel und der Bestätigung ihres Sohnes, noch ehe er die Frohe Botschaft von der letzten Befreiung der Menschen öffentlich verkündet hat.

So erlebt Myriam in ihrer Einsamkeit in der Nähe von Kafarnaum beim Betrachten der Geschichte des auserwählten Volkes und seiner dramatischen Schicksalsschläge intensiv die vergangenen und gegenwärtigen Ereignisse der messianischen Berufung ihres Sohnes, den der Vater gesandt hat, um die Menschen zu erretten.

Kapitel 19

Jesu Fasten und die Versuchung in der Wüste

Wenige Tage nach der Taufe im Jordan kehrt Jesus nach Kafarnaum zurück. Mit glühendem Herzen erzählt er seiner Mutter das Wunder, das sich am Beginn seines öffentlichen Lebens ereignet hat. Beide sagen dem himmlischen Vater Dank.

Am dritten Tag nach seiner Rückkehr nach Kafarnaum berichtet er ihr am Abend, als sich beide der Kontemplation hingeben, ehe sie sich in ihre Zimmer zurückziehen, ausführlich darüber, dass er sich am nächsten Tag in die Wüste der Trachonitis östlich des Jordan begeben würde. Er legt Wert darauf zu fasten, ehe er wirklich seine Sendung beginnt, deren Vorspiel die Taufe gewesen war. Es wird ein langes Fasten sein, ähnlich dem, wie die Heilige Schrift es von Mose und Elija berichtet.

Jesus und seine Mutter – wie auch Joseph, ehe er krank geworden war – beobachteten treu die vorgeschriebenen Fastenzeiten: die der Sühne, deren Ursprung bis in die Zeit vor dem Exil zurückreicht, wie auch die Fastenzeiten des vierten, fünften, siebenten und zehnten Monats, der Jahrestage der unheilvollen Ereignisse, die den Untergang des Königreiches von Juda entschieden und vollendet haben, wie auch die Eroberung Jerusalems mit der anschließenden Zerstörung des Tempels durch die Armee des Nabuchodonosor.

Myriam sagt ihrem Sohn, dass auch sie während dieser vierzig Tage mehrmals in der Woche fasten wird. Dabei fleht sie den Vater im Himmel an, die Herzen derer zu öffnen, denen Jesus die Frohe Botschaft verkünden wird, ganz besonders aber die Herzen derer, die ihm am engsten nachfolgen werden. Ihr Sohn hat ihr nämlich anvertraut, dass er zwölf Apostel bei sich haben werde; die die Patriarchen des Gottesvolkes im Neuen Bunde sein werden. Die Zwölfzahl ist das Symbol der Fülle, wie es auch bei den zwölf Stämmen Israels ist.

Jesus wird nun *«durch den Heiligen Geist»* in die Wüste geführt; er steigt nicht weit von Jericho auf einen Berg von grauweißem Gestein, in dessen Nähe sich die dunkle Schlucht des Kerit öffnet, eines wilden Gebirgsbaches mit steilen Ufern. Auf dem Gipfel des Berges tritt er in eine Grotte ein, hinter der sich ein finsterer Abgrund auftut. Kniend und mit ausgebreiteten Armen bittet Jesus seinen himmlischen Vater, ihn zu stärken für seine Sendung und die Leiden, die ihn erwarten. In Kafarnaum begleitet ihn seine Mutter ununterbrochen mit ihren Gebeten.

Nach Hause zurückgekehrt, erzählt er ihr, was er während dieser vierzig Tage erlebt hat, wie er sich mit seinem himmlischen Vater von Angesicht zu Angesicht befunden hatte, er spricht mit ihr über die vergeblichen und lächerlichen Versuchungen, durch die Satan ihn zu verführen versucht hatte, und dass zahlreiche Engel gekommen sind, um ihn zu stärken.

Die Wahl der ersten Apostel und das erste Wunderzeichen

Zu Hause hält er sich nicht lange auf. Durch das Fasten an Leib und Seele gestärkt, das Herz glühend durch die vierzigtägige Kontemplation seines himmlischen Vaters, sehnt sich Jesus danach, mit der Verkündigung der Frohen Botschaft die aktive Phase seines öffentlichen Lebens zu beginnen. Er durchwandert Galiläa und ruft allen zu: «Bekehrt euch, denn das Himmelreich ist nahe!» (Mt 4,17). Vor allem wählt er jetzt die ersten Apostel, Simon Petrus und seinen Bruder Andreas, welche Fischer sind, und er sagt ihnen ganz einfach: «Kommt her! Ich werde euch zu Menschenfischern machen» (Mt 4,19). Danach beruft er Jakobus und Johannes; auch sie sind Brüder und Fischer am See Genezareth.

In dieser Zeit wird er mit seinen ersten Jüngern zu einer Hochzeit in Kana gebeten. Auch die Mutter Jesu ist dazu eingeladen worden. Als ihr Sohn dort ankommt, ist sie bereits mehrere Tage dort.

Die Brautleute gehören wohlhabenden Familien an. Seit einem Jahr sind sie verlobt. Der *Mohar*, das ist die Schenkung, die der Bräutigam dem Vater seiner zukünftigen Gemahlin zu entrichten hat, stellt eine bedeutende Summe dar, nämlich zweihundert Silberstücke. Der Ehevertrag ist im selben Monat unterzeichnet worden, an einem Mittwoch zur Zeit des Vollmondes, als Voraussetzung für ein langes und großes Glück. Der *Mattan*, die Summe, die der Neuvermählte seiner Gattin nach der Hochzeitsnacht überreichen wird, beträgt das Dreifache des *Mohar*, es ist dies ein Zeichen der glühenden Liebe, die der Mann seiner Braut entgegenbringt.

Nun ist der große Tag gekommen. Von seinen Freunden begleitet, nähert sich der Bräutigam seiner Vielgeliebten, die wie eine Königin unter dem *Huppah,* einem Baldachin, sitzt: Sie ist ja die einzige Königin seines Herzens. Errötend flüstert sie mit kaum wahrnehmbarer Stimme: «*Mit Küssen seines Mundes bedecke er mich; süßer als Wein ist deine Liebe.*» Auch der Bräutigam antwortet ihr mit einem Vers aus dem Hohenlied: «*Steh auf, meine Vielgeliebte, meine ganz Schöne, meine Taube. Wie schön bist du, meine Vielgeliebte, wie schön bist du!*» Jesus und seine Mutter sind bei dieser Szene ganz gerührt, hier erreicht die Liebe einen ihrer Höhepunkte, bei dieser vollständigen und endgültigen Liebe eines Mannes und einer Frau. Einen Tag lang ist dies das wiedergefundene Paradies.

Das Festmahl beginnt. Es ist üppig. Die Gäste, zahlreicher als vorgesehen, greifen freudig zu. Der Wein fließt in Strömen, die Geister erhitzen sich, und Fröhlichkeit kommt auf...

Bis zum Ende der Zeiten

Das Hochzeitsmahl ist noch nicht beendet, als ein Zwischenfall eintritt, der für die Brautleute und ihre Eltern äußerst peinlich ist. Der Wein ist zu Ende und die Gäste verlangen nach mehr. Myriam hat das sofort bemerkt. Mit leiser Stimme sagt sie zu ihrem Sohn: «*Sie haben keinen Wein mehr!*» (Joh 2,3). Sie erinnert sich daran, wie es in Nazareth einmal mit einem Ölkrug gewesen ist: er war noch zu zwei Dritteln mit Öl gefüllt, als dieses auf unerklärliche Weise ranzig wurde und nicht mehr zum Essen zu gebrauchen war. Myriam beklagte sich darüber bei ihrem Sohn. Als er den Kummer seiner Mutter sah, legte er die Hand auf den Krug, schloss die Augen und betete, dann sagte er zu seiner Mutter: «Koste es, Mutter!» Sie stellte fest, dass sie noch niemals ein so köstliches, aromatisches Öl genossen hatte...

«Was willst du von mir, Frau? Meine Stunde ist noch nicht gekommen» (Joh 2,4). Diese Worte wurden nur leise gesprochen, in einem Ton von unendlicher Sanftheit, besonders das Wort: «Frau». Ist seine Mutter nicht die neue Eva? Myriam bittet sogleich die Diener, die sechs steinernen Krüge[5] mit Wasser zu füllen; sie sind nämlich leer, da die Eingeladenen das Wasser für ihre Reinigungen gebraucht hatten; und sie weist sie an: *«Was er euch sagt, das tut»* (Joh 2,5).

Dieses kurze Gespräch zwischen der Mutter und ihrem Sohn lässt erkennen, wie Myriam mit dem Blick der Hausfrau ihre Umgebung betrachtet. Es offenbart auch die zarte Übereinstimmung zwischen der Mutter und ihrem Sohn. Schließlich wird damit auch gezeigt, dass sie sich niemals vergeblich an Jesus wendet, selbst wenn *«seine Stunde noch nicht gekommen ist»*.

So trinken nun die Gäste bis zum Ende des Festes einen Wein, der noch niemals so verschwenderisch geflossen war. Ebenso werden vom letzten Abendmahle an die Jünger Jesu das heiligste aller Getränke zu sich nehmen. Bis zum Ende der Zeit...

---

5. Jeder der für die Reinigungen bestimmten Krüge kann 100 bis 150 Liter Wasser fassen.

Kapitel 20

Neue Werte für eine neue Welt

Nach der Rückkehr aus Kana erwählt Jesus die übrigen der zwölf Apostel. Er legt Wert darauf, dass sie die Frohe Botschaft verstehen und verinnerlichen: Die ganze Frohe Botschaft von der Errichtung des Gottesreiches und zunächst die Verkündigung der neuen Erde.

An diesem Morgen verlässt er seine Mutter, indem er ihr anempfiehlt, den ganzen Tag im Geiste und im Gebet bei ihm zu sein. «Heute», sagt er ihr, «pflanze ich gleich einem Baum des Lebens jene Worte, auf welche die ganze Frohe Botschaft vom Himmelreich gegründet ist.»

Von seinen zwölf Aposteln umgeben, steigt Jesus auf einen Berg in der Nähe von Kafarnaum, am nördlichen Ufer des Sees Genezareth. Eine große Menschenmenge folgt ihm. Die Nachricht von dem Wunder in Kana hat sich in der ganzen Gegend herumgesprochen. Die einen werden von Neugier getrieben, andere erwarten, einen Propheten zu sehen und zu hören, und einige, darunter die Apostel, sind sicher, dass Jesus der für Israel verheißene Messias ist. Ihre Herzen sind geöffnet für das Wort Gottes, das den Willen des Herrn verkündet.

Jesus legt damit eine neue Grundlage für das einzige und oberste Gebot der Gottes- und Nächstenliebe. Durch diese Liebe gelangt man zum messianischen Königreich. Von nun an werden diejenigen, die Jesus nachfolgen, wissen, dass die Bevorzugten Gottes die Armen, die von Herzen Sanftmütigen und Demütigen sein werden, die Friedensstifter, die Betrübten, diejenigen, die sich nach der Gerechtigkeit sehnen, die Verfolgten. - Die Reichen, die Mächtigen, die Übeltäter, die Boshaften, die ungerechten Verfolger verbinden sich mit *dem Geist der Welt*, der dem der Jünger Jesu entgegengesetzt ist. Die Jünger sind ja *Zeugen des Gottesreiches*, und diese haben nur ein einziges Gebot: die allumfassende Liebe, einschließlich der zu den Feinden und Verfolgern. Das göttliche Gesetz ist in ihre Herzen eingeschrieben – in ihre Herzen aus Fleisch.

Als Jesus am Abend nach Hause kommt, stößt er einen tiefen Seufzer aus. Das Herz seiner Mutter ist von Traurigkeit überschattet. Beide schauen im Geiste die kleine Schar der Jünger, glühend in der göttlichen Liebe, aber auch die unermessliche Schar derer, die ein Herz aus Stein haben und sich dem Geist der Welt ergeben.

Die Mutter, Nachahmerin ihres Sohnes

Immer, wenn Jesus das Haus verlässt, um zu verkünden, dass das Gottesreich nahe bevorsteht, ist seine Mutter in ihren Gedanken und Gebeten bei ihm. Jesus ist nun immer öfter abwesend, denn er beeilt sich, ganz Galiläa zu durchwandern, um anschließend nach Jerusalem hinaufsteigen zu können.

Die Sünde ausgenommen, hat Jesus sich in allem vollständig dem Leben der Menschen angleichen wollen. In der damit verbundenen vollständigen Erniedrigung hat er auf alles verzichtet, was seiner göttlichen Natur zu eigen ist, die sich bei ihm untrennbar mit der seines Menschseins verbindet. So hätte er sich zum Beispiel gleichzeitig an mehreren Orten aufhalten können, auch hätte er seine Mutter trösten können, die so betrübt ist wegen seiner Abwesenheit nach den dreißig Jahren des gemeinsamen Lebens. Tatsache ist indessen, dass die Unbefleckt Empfangene auch ihrerseits nicht an die Zwänge gebunden ist, wie sie für die sündhafte Natur der Sterblichen gültig sind. Sie hat dieses Privileg nicht in Anspruch nehmen wollen, indem sie damit ihren Sohn nachahmte in seiner Entäußerung gegenüber allem, was nicht dem allgemeinen menschlichen Schicksal entspricht.

So hat sie in Geduld die immer selteneren Besuche Jesu erwarten müssen, um von anderen, die bei den Worten und Taten ihres Sohnes zugegen waren, zu erfahren, welche Wunder er vollbrachte, und wie er das Gottesreich verkündete, das jenen angeboten ist, die in Jesus den erwarteten Messias erkennen.

Es kommt jedoch vor, dass sie sich mitten unter die Menge mischt, die ständig ihrem Sohne folgt. Unter ihnen sind Kranke, die mit allen möglichen Leiden behaftet sind und Heilung erwarten. Voll Mitleid betrachtet Myriam alle diese armen Verkrüppelten, Hinfälligen und Behinderten, die sich um Jesus drängen, die ihn anflehen, sie zu heilen oder die sich damit zufrieden geben, ganz still sein Gewand zu berühren. Wenn jemand die Mutter Jesu in der Volksmenge beobachtet hätte, dann würde er die Tränen des Mitleids gesehen haben, die aus den unendlich gütigen Augen dieser so diskret in ihren Schleier gehüllten Frau geflossen sind.

Jedesmal, wenn ihr Sohn in die Nähe von Kafarnaum kommt, macht sie sich auf, um ihm zu begegnen, nur um ihn zu sehen, zu hören, zu betrachten, selbst wenn wegen der vielen Leute ein persönlicher Kontakt nicht möglich ist. Um ihn bei der Ausübung seiner göttlichen Sendung wenigstens von weitem sehen zu können, zögert sie nicht, manchmal stundenlange Fußmärsche auf sich zu nehmen, bis nach Bethsaida, Tiberiade, Sephoris oder Korazin. Wenn sie dann, nachdem sie ihn gehört und gesehen hat, wieder nach Hause zurückkehrt, fühlt sie sich glücklich, auch wenn sie wegen des langen Weges ganz erschöpft ist.

Nach der Verkündigung durch den Engel in Nazareth lebt in Myriam sehr stark die Gewissheit, im Schatten ihres Kindes mitzuwirken am verheißenen Heile Israels. Sie betrachtet sich als die erste Jüngerin des Messias in der geistigen Eroberung des auserwählten Volkes, um es dahin zu führen, der Frohen Botschaft zu glauben. Sobald dieser Glaube in einem Herzen Gestalt angenommen hat, wird ein neuer Jünger geboren. Die Jünger des Messias bilden eine neue Gemeinschaft. Der neue Mensch dieser Gemeinschaft zeigt sich der Welt, seit das Evangelium in der Liebe zu Gott und zum Nächsten konkret gelebt wird: wer dieser Nächste auch sei, Freund oder Feind, Wohltäter oder Verfolger! Daher ist sie glücklich, immer wenn sie das Haus verlässt, neue Jünger bei ihrem Sohne anzutreffen.

Mehrere Male hat sie jedoch grausam gelitten, während ihr Sohn zu der Menge sprach. Das war, als sie bei Gesprächen Jesu mit den Pharisäern zugegen war. Diese halten sich an den Buchstaben des mosaischen Gesetzes. Wenn sie zum Beispiel sehen, dass die Apostel am Sabbat Ähren ausreißen, ist das für sie eine schwerwiegende Gesetzesübertretung. Schlimmer noch, wenn sie hören, dass Jesus ihnen antwortet, der Sabbat sei für den Menschen geschaffen und nicht umgekehrt, sind sie außer sich vor Zorn. In ihren Augen ist Jesus ein Gotteslästerer, ein gefährlicher Ruhestörer, ein Aufrührer. Einmal befand sich Myriam neben einem Pharisäer, ganz vorn in der Volksmenge. Er schleuderte Jesus Flüche entgegen. Sie, die ja weiß, wer Jesus ist, und die Quelle seiner Frohen Botschaft kennt, empfindet bei solchen Vorkommnissen einen qualvollen Schmerz. Ihre feinfühlige Intuition lässt sie einen erbarmungslosen Komplott seitens der Pharisäer, Schriftgelehrten und Gesetzeslehrer befürchten; denn hasserfüllt stehen sie dem Menschensohn gegenüber, der den Vorrang der Seelen über diese kleinlichen Reglementierungen lehrt; ihre Worte gleichen giftigen Pflanzen, die aus ihrem formalistischen und fanatischen Geiste emporgewachsen sind. Sie weiß – und sie liebt diesen Gedanken –, dass ihr Sohn gekommen ist, um sein Volk zu befreien, das durch eine Unmenge von Zwängen eingeengt ist, die der Liebe entgegengesetzt sind und die den Zugang zur Sanftmut und Barmherzigkeit verhindern, die das Herzstück der Frohen Botschaft bilden.

Wenn die Mutter Jesu nach solchen Konfrontationen ihres Sohnes mit diesen streitsüchtigen, starrsinnigen und boshaften Menschen nach Hause zurückkehrt, ist ihr Herz von Weh zerrissen. Dann weint sie leise auf ihrem Lager; sie fleht den Vater im Himmel an, Jesus vor der Verfolgung dieser Hüter eines die Menschen versklavenden Gesetzes zu schützen. Sie sendet glühende Gebete zum Himmel empor, damit der neue und die Menschen befreiende Glaube sich schnell ausbreiten möge.

Kapitel 21

Die Mutter Jesu und die zwölf Apostel

Myriam legt Wert darauf, die zwölf Apostel kennenzulernen, die Jesus als seine engsten Begleiter auserwählt hat. Mit einigen hat sie schon Kontakt aufgenommen bei den seltenen Gelegenheiten, wo sie sich unter die Menge mischt, um ihren Sohn zu hören. Einmal hat Jesus die Apostel alle mit nach Hause gebracht, als er bei Kafarnaum unterwegs war, und mehrmals hat er die einen oder anderen mitgenommen. Sie ruhten sich ein paar Stunden von ihren anstrengenden Wanderungen aus, und Myriam bediente sie.

So hatte sie Gelegenheit, sie zu beobachten, die Reden des einen oder anderen mitzubekommen, wenn sie auf die Worte Jesu oder auf eine Frage antworteten.

Simon Petrus hebt sich von den anderen ab. Es besteht kein Zweifel, dass Jesus ihn als den Verantwortlichen der Zwölfergemeinschaft betrachtet. Nicht etwa, weil er der Intelligenteste wäre, er ist nicht einmal der Frommste; im Gegenteil, er ist ziemlich impulsiv und unverblümt. Er kann draufgängerisch und eine Kämpfernatur sein. Glühend und sympathisch, aber wenig geeignet, die Autorität eines ruhig nachdenkenden und gelassen reagierenden Chefs zu bekleiden.

Myriam liebt ihn so, wie er ist. Sie hat es so oft miterlebt, dass die Entscheidungen ihres Sohnes nach Gesichtspunkten getroffen werden, die der «gesunde Menschenverstand» nicht nachvollziehen kann.

Den Jakobus kennt die Mutter Jesu schon seit langem; diesen «Bruder des Herrn», den Sohn der Maria, die mit Myriam verwandt ist. Jakobus ist ein echter, grundsatztreuer Jude. Er trinkt keinen Wein und gibt sich kniend nicht enden wollenden Gebeten hin, so dass an seinen Knien bereits Schwielen entstanden sind. Es fällt ihm nicht leicht, die Gedankengänge Jesu nachzuvollziehen, denn er versteht das Gesetz buchstabengetreu und hütet es wie seinen Augapfel. Er hört jedoch dem Herrn mit der größten Aufmerksamkeit zu und denkt über seine Worte nach, wenn er sich dabei auch Gewalt antun muss.

Derjenige, der dem mütterlichen Herzen Myriams am nächsten steht, ist Johannes. Sie hat übrigens bemerkt, dass er auch der Lieblingsjünger Jesu ist. Er ist ein Sohn des Zebedäus und ein Bruder des Jakobus, mit dem er als Fischer unter der Autorität ihres Vaters in den Wassern des besonders fischreichen Sees Genezareth gearbeitet hat. Seit der Zeit, da Jesus ihn berufen hat, hängt er förmlich an den Lippen des Meisters, dessen Worte er für immer in seinem Herzen bewahrt. Er ist es, der die Gedanken Jesu am besten versteht; und allmählich formen sich in seinem Geist die Fragmente der Frohen Botschaft zu einem zusammenhängenden und richtigen

Ganzen. Myriam liebt seine Diskretion, den Adel seiner Seele, seine Sanftmut und Dienstbereitschaft.

Dann ist da noch Philippus, der aus Bethsaida stammt, wo auch Petrus und Andreas zu Hause sind. Er spricht griechisch und ist mit der Verpflegung der Gruppe betraut. Er ist praktisch veranlagt, aber ein wenig langsam, wenn es darum geht, die Botschaft Jesu zu begreifen. Wie bei den anderen, ist Myriam auch ihm zugeneigt, denn er ist von unwandelbarer Treue.

Was den Andreas betrifft, den Bruder von Simon Petrus, so ist ihm Myriam öfters in Kafarnaum begegnet, wo er zu Hause ist. Er war zuerst ein Jünger von Johannes dem Täufer, und nun folgt er Jesus nach, seit der Täufer ihn als den Messias, das Lamm Gottes, bezeichnet hat. Er ist es, den Jesus als ersten beruft. Andreas stellt dann dem Herrn seinen Bruder Simon vor. Zusammen mit Simon Petrus, Jakobus und Johannes gehört er dem engeren Kreis derer an, mit denen Jesus sich umgibt. Myriam liebt seine gute Unterscheidungsgabe, die Klarheit seines Verstandes und die Offenheit und Weite seines Geistes. Sie stellt fest, dass die anderen Apostel sich an ihn wenden, wenn sie sich in einer ungewohnten Situation befinden.

Für alle Apostel empfindet Myriam eine starke Zuneigung, weil ihr Sohn sie erwählt hat. Ihre Gefühle ihnen gegenüber sind Wertschätzung und Zärtlichkeit. In ihren Gebeten vertraut sie sie jeden Tag dem himmlischen Vater an.

Ein Herz, das sich der Botschaft Jesu verschließt

Es gibt jedoch eine Ausnahme: Judas Iskariot. In seiner Gegenwart hat sie ein eigenartiges Gefühl, und es ist ihr unbehaglich zumute. Sie bemüht sich, auch ihn zu lieben, wie sie die anderen liebt, aber sie ist beunruhigt wegen der Reden, die er immer wieder führt. «Jesus», so sagt er im Wesentlichen, «versteht es noch nicht, seine außergewöhnliche Anziehungskraft auszunutzen. Seine Beredsamkeit und seine Heilungsgabe könnten aus ihm, wenn er es wollte, den Anführer Israels oder sogar seinen König machen.» Judas hat es sogar gewagt, ihr bei einer bestimmten Gelegenheit zu sagen: «Du, seine Mutter, solltest ihn dazu drängen, aus seiner Zurückhaltung herauszutreten und den Thron des Königs David anzustreben. Ich bin davon überzeugt, dass dein Sohn der Messias ist. Der Messias aber ist dazu berufen, unser Volk, das durch das heidnische Rom unterdrückt wird, wieder in die Freiheit zu führen.»

Durch diese Worte lässt Judas erkennen, dass er nichts von der Frohen Botschaft Jesu verstanden hat; er interpretiert sie völlig falsch.

Myriam tritt niemals in einen Dialog mit ihm ein. Sie bewahrt ein vorwurfsvolles Schweigen. Sie bittet den himmlischen Vater, diesen Menschen zu erleuchten, den ihr Sohn doch berufen hat, sein Apostel zu sein. Sie spricht auch nicht mit Jesus über ihre Befürchtungen. So viele von seinen Worten und Taten haben ihr Erstaunen ausgelöst. Aber das, was Jesus sagt oder tut, erweist sich früher oder später immer als wohlbegründet. «Ebenso wird es auch bei der Wahl des Judas sein», sagt sie sich...

Kapitel 22

Der Eifer für Dein Haus verzehrt mich (Ps 69,10)

Das Paschafest ist nahe. Das erste im öffentlichen Leben Jesu. Myriam befindet sich unter den Pilgern aus Kafarnaum. Riesige Pilgerströme nähern sich von überall her der Heiligen Stadt. In den Häfen von Cäsarea und Joppe legt ein Schiff nach dem anderen mit Pilgern an; alle küssen die heilige Erde des verheißenen Landes. Sie sind voll Staunen beim Anblick des Tempels, dieses riesigen prachtvollen Bauwerks, das Herodes errichten ließ, um dem Volk zu schmeicheln und die Gedanken Stein werden zu lassen, die er von sich selber hat. Dieser Tempel des Idumäers ist noch größer und prachtvoller als der von Salomo es war.

Das Durcheinander auf dem Tempelvorplatz ist unbeschreiblich. Man drängt sich um die Geldwechsler; sie tauschen nämlich das «unreine» griechische oder römische Geld gegen jüdische Geldstücke um. Diese dienen dazu, mit dem Opfer eines halben Silberstücks für seine Sünden Buße zu tun. In einiger Entfernung befindet sich eine riesige Viehherde muhend und blökend inmitten des Schimpfens und Kreischens der Verkäufer und der Priester, die von diesem Handel leben. Eifrige Seelen sind von diesem riesigen Handel um den Tempel herum und sogar bis hinein in den Vorhof zutiefst verletzt; glücklicherweise – so sagen sie – wird das in den Tagen des Messias ein Ende nehmen, denn *«kein Händler wird an jenem Tag mehr im Hause des Herrn der Heere sein»* (Sach 14,21). Und jetzt ist jeder fromme Jude sicher, dass der Messias sehr bald kommen wird...

Nun betritt auch Jesus mit seinen Zwölfen den Vorhof des Tempels. Als der Messias die heiligen Stätten sieht, die in einen Markt, ein Vogelhaus, einen Schafstall und einen Stierkäfig verwandelt sind, wird sein Blick flammend vor Zorn. Er ergreift einen Strick, macht Knoten hinein, stößt die Tische der Wechsler um und treibt mit seiner Peitsche die Horde der Geschäftemacher und profitgierigen Schieber auseinander. Ein von Maleachi vorhergesagter Zorn, denn dieser hatte prophezeit, dass der Botschafter des Herrn den Tempel und die Leviten reinigen würde (Mal 3,1-4).

Myriam befindet sich mitten unter der Menge, im Vorhof der Frauen, der an den äußeren Vorhof angrenzt. Plötzlich geht ein Raunen durch die Menge: Ein Mann hat im Zorn mit einer Peitsche die Geldwechsler und die Verkäufer der Tiere verjagt! Myriam weiß, wer es ist. Wie oft hat Jesus sich nicht in den vergangenen Jahren wegen dieser Praktiken erregt, die das Haus des Herrn entehren. Sie, welche die heiligen Texte auswendig kennt, erinnert sich dabei an die Prophezeiungen des Sacharja und des Maleachi. So war sie auf diesen Sturm schon vorbereitet, denn niemand ist ebenso sicher wie sie, dass

Jesus der Messias ist, der Gesandte des Herrn. Sie weiß es durch Offenbarung.

Bei dieser Gelegenheit kommt es zwischen Jesus und den wutentbrannten Pharisäern zu dem berühmten Dialog, den der Apostel Johannes der Mutter Jesu berichtet:

«Mit welchem Recht tust du das?»

Der Gesandte des Herrn, der ihre Herzenshärte kennt, antwortet nicht auf ihre Frage, sondern spricht vielmehr eine Prophezeiung aus, deren Inhalt sie nicht begreifen können:

«Reißt diesen Tempel nieder, in drei Tagen werde ich ihn wieder auferbauen.» Er spricht von seinem zukünftigen Tod und seiner Auferstehung.

«Sechsundvierzig Jahre wurde an diesem Tempel gebaut, und du willst ihn in drei Tagen wieder aufrichten?» (Joh 2,13-25).

Nachdem Jesus kühn den Verkäufern im Tempel entgegengetreten war und die Verteidiger der etablierten Ordnung in Verwirrung gebracht hatte, wird er wieder der Barmherzige. Er heilt die Kranken. *«Und viele kamen zum Glauben an seinen Namen, am Paschafest in Jerusalem»* (Joh 2,23). Er aber, der wusste, was im Menschen ist, liest in den Herzen (vgl. Joh 2,25).

Auf dem Rückweg hat die Pilgergruppe aus Kafarnaum von jenem Zwischenfall erfahren, der von Jesus im Tempelvorhof provoziert worden war. Manche kritisieren sein Verhalten, die meisten aber billigen es. Myriam geht am Schluss der Gruppe, sie schweigt. Sie denkt in ihrem Herzen über die Ereignisse nach und betrachtet sie nach allen Gesichtspunkten, um deren tiefe Bedeutung zu erkennen. Sie weiß ja, dass alles im Leben ihres Sohnes einen Sinn in sich birgt, denn die Heilsgeschichte verwirklicht sich durch ihn. Er IST das Heil.

Kapitel 23

Der Werdegang eines Jüngers

Als Myriam nach Hause zurückgekehrt ist, erfährt sie durch Petrus und Johannes, die einige Tage später nach Kafarnaum gekommen waren, die Episode mit Nikodemus gegen Ende des Aufenthaltes Jesu in Jerusalem.

Nikodemus ist Pharisäer. Er ist begütert, ein angesehener Mann in Israel und aller Ehren wert. Die Persönlichkeit Jesu hat ihm zu denken gegeben: seine Wunder und sein heiliger Zorn gegen die Geldwechsler und die Händler im Tempel... Ob er vielleicht der Messias ist?

Nikodemus will sich Klarheit verschaffen. Er nimmt sich vor, mit Jesus zu sprechen. Wegen des Hasses, mit dem die Pharisäer diesen Galiläer verfolgen, geht er erst zu ihm, als es schon Nacht geworden ist. Mut ist nicht seine starke Seite; er stellt sich jedoch eine Frage, der er nicht ausweichen kann: *«Meister»*, sagt er zu Jesus, *«wir wissen, du bist ein Lehrer, der von Gott gekommen ist, um zu lehren, denn niemand kann die Zeichen tun, die du tust, wenn nicht Gott mit ihm ist»* (Joh 3,1.2).

Es folgt nun ein höchst sonderbares Gespräch zwischen Jesus und dem ehrenwerten Pharisäer (vgl. Joh 34,1-21). Es geht um die zweite Geburt, die «von oben». Der Messias sagt seinen Tod am Kreuz voraus, und zwar durch das Bild von der Schlange, die Mose in der Wüste aufrichten ließ, um vom Gift zu heilen, wenn man sie anblickt. Bei Mose handelte es sich um das Gift vom Schlangenbiss. Das Gift vom Biss der Sünde aber wird geheilt durch den aus dem Herzen kommenden Blick auf den zukünftigen Gekreuzigten. Nikodemus vermag den Sinn nicht zu verstehen. Er begreift noch weniger, als Jesus seine Gottheit offenbart. Auf der anderen Seite steht er jedoch dem Glauben an den Sohn Gottes nicht ablehnend gegenüber, der Bedingung, um zum ewigen Leben Zugang zu erhalten.

Myriam hört aufmerksam zu, was die beiden Apostel ihr über diese Begegnung berichten. Mit innerer Bewegung und Lebhaftigkeit sprechen sie davon. Dass ein berühmter Pharisäer von Jesus hatte herausgefordert werden können, hat sie überrascht; in ihren Augen ist das ein ermutigendes Zeichen. Die Mutter Jesu ist glücklich, das alles zu erfahren, ohne sich indessen Illusionen über diejenigen unter den Pharisäern zu machen, deren Hass gegen Jesus sie seit langem wahrgenommen hat. Sie empfindet Gefühle der Zuneigung, sogar der Zärtlichkeit für diesen Nikodemus. Ihre mütterliche Intuition erkennt in ihm einen zukünftigen Jünger.

Wieder einmal hat sie richtig gesehen. Zwei bedeutende Ereignisse werden Zeugnis geben von seinem geistlichen Wachstum bis hin zum Rang eines Jüngers des Messias.

Das erste Ereignis ist sein Plädoyer zugunsten Jesu vor dem Sanhedrin: *«Ehe man jemanden verurteilt»*, sagt er, «*ist es richtig, ihn anzuhören.*» – «*Bist etwa auch du ein Galiläer?*» antwortet man ihm verachtungsvoll.

Die zweite Tatsache ist noch aufschlussreicher, nämlich das Vorgehen des Nikodemus und des Joseph von Arimatäa bei Pilatus, um die Genehmigung zu erhalten, den Leib des Gekreuzigten vom Kreuze abzunehmen, um ihn zu begraben. Nikodemus bringt «*hundert Pfund Myrrhe und Aloe herbei*» (Joh 19,39).

Als er einige Tage später von der Auferstehung Jesu erfährt, den er mit seinen Augen sehen und den er berühren wird, da fühlt sich seine Seele für immer von bewundernd staunendem Glauben erhellt...

Kapitel 24

Der Tod des Vorläufers

Am Tage nach dem Besuch des Petrus und des Johannes bei ihr zu Hause erfährt Myriam die Gefangennahme Johannes dem Täufer. Die Nachricht schlägt ein wie ein drohender Blitz aus heiterem Himmel. Das ganze Volk fühlt sich betroffen; die einen, wie die Pharisäer, sind erleichtert: Jetzt ist Schluss mit den Verwünschungen, die er den Sündern mit den verstockten und für jede Form der Reue verschlossenen Herzen entgegengeschleudert hat! Andere, und zwar die Mehrheit, beklagen diesen neuen Willkürakt des Sohnes Herodes des Großen und dessen fünfter Gemahlin. Diese Sippe wird vom Volke gehasst, und zwar um so mehr, als der Vater von Herodes Antipas der Sohn eines Idumäers und einer arabischen Prinzessin war.

Johannes der Täufer ist soeben auf Anstiften der Herodias, der Frau des Herodes Antipas, ihres Onkels, festgenommen worden. Sie ist ehrgeizig, und aus ihrem verderbten Herzen strömt das Gift der Rache. Der Täufer hatte nämlich in aller Öffentlichkeit ihre Heirat mit Herodes Antipas gebrandmarkt, denn aus reinem Ehrgeiz hatte sie ihren ersten Mann verlassen, den kraftlosen

Herodes Philippus, der auch ihr Onkel ist. Aus dieser ersten Ehe ist Salome entsprossen.

Myriam ist über diese Nachricht bis ins Innerste erschüttert. Sie liebt ihn so sehr, den Sohn von Elisabeth und Zacharias, diesen letzten Propheten des Messias. Sie war bei seiner Geburt zugegen. Bei der Rückkehr aus Ägypten hat sie ihn wiedergesehen, als er sieben Jahre alt war. Ebenso alle Jahre, anlässlich der Pilgerreise zum Paschafest. Sie bewundert ihn wegen seiner ungeteilten Hingabe an seine prophetische Sendung. Da sie das unbeständige Menschenherz und die hasserfüllte Rachsucht des Frauenherzens kennt, befürchtet sie das Schlimmste. Wenn Herodes Antipas auch ein sympathisches Interesse für den Täufer an den Tag legt, so befürchtet Myriam doch, dass Herodias ihre Beute nicht mehr entkommen lässt, bis sie sie vernichtet hat.

Nun tritt das Schlimmste ein. Die bestürzende Nachricht, dass das abgeschlagene Haupt des Propheten auf Anordnung ihres Gatten auf einer Schüssel zu Herodias gebracht worden war, lässt das ganze Volk erbeben vor Abscheu gegen die ganze verhasste Dynastie des Herodes. Lange Zeit weint Myriam bittere Tränen, nachdem sie das tragische Ende Johannes des Täufers, den ihr Herz liebte, erfahren hatte. So wurde eine schmerzvolle Seite, die mit der Ankunft des Messias in Verbindung stand, gewendet.

Die Bestürzung der Jünger

Die Tragödie des *«Vorläufers, der den Weg bereitet»* (Mt 3,1), der *«Stimme, die in der Wüste ruft»* (Is 40,3), erschüttert die Jünger. Warum ist dieses unschuldige Blut wie ein Schlachtopfer vergossen worden? Für welche Sühne, für welche Sünde? Für wessen Sünde? Warum lässt der Herr ein solches Verbrechen zu, bei dem das Opfer ein Gerechter ist, ja, mehr noch, ein Prophet, der die Tür zu einer vergangenen Welt schließt und die zu einer neuen Welt öffnet?

Diese neue Welt aber wird nicht wie eine künftige Festhalle erbaut. Die Jünger werden sich bald bewusst, dass vergossenes Blut wie eine Saat ist. Und vor allem jenes Blut, welches das geopferte Lamm Gottes bald selbst vergießen wird. Myriam durchlebt das alles schmerzvoll in ihrem Herzen; sie weiß seit der Darstellung Jesu im Tempel, dass ein Schwert ihr Innerstes durchdringen wird. Sie ahnt, dass ihr Herz nun für immer durchbohrt sein wird...

Kapitel 25

Jesus, seine Mutter und Johannes

Immer öfter hält die Mutter Jesu sich in der Menschenmenge auf, die fasziniert ist durch die Worte des Messias oder angezogen wird durch die Wunderzeichen, die er immer häufiger wirkt. Als er die Frohe Botschaft in der Gegend von Kafarnaum verkündet, kommt er oft nach Hause, um dort die Nacht zu verbringen. Dann nimmt er einen oder mehrere von seinen Aposteln mit; die anderen finden ihre Unterkunft im Hause des Petrus.

An diesem Abend wird Jesus von Johannes begleitet. Seine Mutter ist darüber entzückt. Sie liebt so sehr diesen Apostel wegen seiner kristallklaren Reinheit, seiner Sanftmut und seiner glühenden Hingabe an den Herrn. Und auch deshalb, weil er den tiefen Sinn der Worte und Gleichnisse Jesu versteht! Aus all diesen Gründen empfindet auch der Messias eine besondere Liebe zu Johannes. Er weiß, dass später dieser Apostel, den er liebt, den kommenden Geschlechtern bis zum Ende der Zeiten das verkünden wird, was das Herz seiner Botschaft der Liebe, der Barmherzigkeit und der Wahrheit ist. Er sieht auch schon im voraus, dass es Johannes ist, dem er eines

Tages das, was ihm am liebsten auf Erden ist, seine Mutter, anvertraut.

Jesus, seine Mutter und Johannes sprechen miteinander bis spät in der Nacht. Sie freuen sich über die Begeisterung des Volkes, das zu Jesus läuft, auch wenn noch Zeichen und Wunder nötig sind, um diese Begeisterung hervorzurufen und zu erhalten. Jesus hätte es so gern, dass man ihm auf sein Wort hin glaubt, dass die Frohe Botschaft, und zwar sie allein, den Glauben in den Herzen erweckt, und dass dieser durch sich selbst weiterbesteht, im gleichen Maß, wie er die neuen Schätze seiner Botschaft offenbart. Gewiss, die Hörer verstehen deren Neuheit. Wie oft haben Myriam und Johannes nicht gehört, wie die Volksmenge, die seinen Worten lauschte, ausgerufen hat: «*Niemals hat ein Mensch so gesprochen wie er!*» (Joh 7,46).

In der Volksmenge verloren, trägt die Mutter Jesu ihren Teil zur Ausbreitung des Evangeliums bei, ohne dass man weiß, wer sie ist: «Man muss auf Jesus mit seinem ganzen Herzen hören; seine Worte wandeln das Leben um, sie helfen bei der Überwindung der Sünde; sie führen zum Glück.» Wenn sie einen unglücklichen Menschen sieht, dann tröstet sie ihn in aller Diskretion. Und während ihr Sohn spricht, sendet sie glühende Gebete zum Vater im Himmel, damit er den Samen in gute Erde fallen lasse.

Myriams Wunden

Welch ein Leiden erduldet sie jedoch in diesen Augenblicken! Sie bemerkt, dass es Herzen gibt, die sich verschließen; sie sieht, dass sich offener oder versteckter Widerstand regt, wie auch mit Hass vermischter Groll bei denen, die sich selbst das Monopol anmaßen, das Volk Israel in religiöser Hinsicht zu leiten: die Schriftgelehrten, die Pharisäer und all die Gesetzeslehrer, die den Buchstaben vergötzen und den Geist töten (vgl. Röm 2,29). Diese Leiden lassen sie zu einem beständigen Brandopfer werden; manchmal erleidet sie ein unblutiges Martyrium, so sehr verwundet fühlt sie sich. Dann erinnert sie sich einmal mehr an die Prophezeiung des Simeon, der ihr vorausgesagt hat, dass ein Schwert ihre Seele durchdringen (Lk 2,35) und dass ihr Sohn für die Volksscharen Israels ein Zeichen des Widerspruchs sein würde (Lk 2,34). In dem Maße, wie das öffentliche Leben Jesu fortdauert, bewahrheitet sich die Weissagung des Simeon im Leben der Mutter des Messias immer mehr.

Jesus liest im Herzen seiner Mutter. Ihre Traurigkeit überträgt sich auch auf seinen eigenen Geist. Um sie zu trösten, berichtet er ihr, wie vor kurzem eine Frau mitten in der Volksmenge ausgerufen hatte: «*Selig die Frau, deren Leib dich getragen und deren Brust dich genährt hat.*» Die Antwort, die er dieser Frau gegeben hat, lässt das Martyrium erahnen, das seine Mutter erleidet durch das Schwert, das so oft ihr Herz durchbohrt: «*Selig sind vielmehr die, die das Wort Gottes hören und es befolgen*» (Lk 11,27.28).

In dieser Nacht vergehen Stunde um Stunde in glücklichem Zusammensein. Es besteht eine tiefe innere Harmonie zwischen Jesus, seiner Mutter und Johannes: die Harmonie der Liebe. Wie glücklich sind sie alle drei in dieser Ruhe des ganzen Seins! Das ist so wohltuend noch bis in die nächsten Tage, als sich um Jesus immer wieder Menschen versammeln mit den verschiedensten Anliegen.

In der Nähe Myriams fühlt sich Johannes vollkommen glücklich in diesen Stunden, die vor allen anderen so köstlich sind. Ach, wenn er doch diese Augenblicke festhalten könnte! Für ihn ist die Liebe, die zwischen ihnen herrscht, ein *«Paradies des Segens»* (Sir 40,17). Ja, in dieser Nacht hat der Herr *«die Tore des Himmels geöffnet und ihnen Brot vom Himmel gereicht»* (Ps 78,23.24).

Als sie sich zur Ruhe begeben, bevor wieder die Anstrengungen des kommenden Tages beginnen, dankt Johannes dem Herrn aus ganzem Herzen, dass er ihn auf diese Weise schon ein wenig das Paradies hat verkosten lassen. Ja, wenn man einige Stunden in der Vertrautheit mit Jesus und seiner heiligsten Mutter verbringen durfte, dann bedeutet das wirklich, ein Stück des Paradieses zu verkosten. Auch Jesus ist ganz glücklich gewesen in der Gesellschaft seiner Mutter und seines bevorzugten Jüngers mit dem Herzen eines Kindes, der so unkompliziert, sanft und demütig ist. Aus der Seele Myriams steigt ein machtvolles Dankgebet zum Vater im Himmel empor. Ein Apostel wie Johannes, der so vorbehaltlos liebt, ist er nicht ein Gegengewicht gegen die ganze Meute der verschworenen Feinde Jesu?

Diese beginnen schon, sich sein Verderben auszumalen, sie warten schon auf den Augenblick, wo sie ihn ergreifen und zum Tode führen können...

Kapitel 26

Jesus auf seiner weiteren Wanderung durch Galiläa

Einige Tage später besuchen Petrus und Johannes wieder die Mutter Jesu. Sie sind bekümmert, sogar bestürzt.

Myriam ist darüber erstaunt, denn sonst sind sie so mitteilsam, so voll von Freude!

Sie erzählen nun der Mutter Jesu die Episode, die sich an diesem Vormittag in der Synagoge von Kafarnaum ereignet hat, und welche Folgen sie für seine Jünger hatte.

Wie es seiner Gewohnheit entsprach, bekleidete Jesus sich am Sabbat mit dem *Taleth*, dem Gebetsschal, ging in die Synagoge und richtete das Wort an die dort versammelten Menschen. Heute aber waren seine Worte stärker und machtvoller, ungewöhnlicher als je zuvor. Er hat gesagt: «*Ich bin das Brot des Lebens. Eure Väter haben in der Wüste das Manna gegessen und sind gestorben... Ich bin das lebendige Brot, das vom Himmel herabgekommen ist. Wenn jemand davon isst, wird er in Ewigkeit leben*» (Joh 6,48-51).

Diese Worte haben in der Synagoge ein unbeschreibliches Getöse verursacht. «Ich war selbst ganz durcheinander», gibt Petrus zu. Myriam wirft einen Blick auf Johannes; als einzige Antwort zeigt er ein sanftes Lächeln. Petrus fährt fort, von den Ereignissen dieses denkwürdigen Tages zu berichten: «Nach dieser stürmischen Versammlung in der Synagoge hat Jesus uns beiseite genommen. Er wusste, dass manche seiner Jünger murrten: *Was er sagt, ist unerträglich. Wer kann das anhören?*» (Joh 6,60). Dann hat er uns gesagt: «*Daran nehmt ihr Anstoß? Was werdet ihr sagen, wenn ihr den Menschensohn hinaufsteigen seht, dorthin, wo er vorher war? Der Geist ist es, der lebendig macht, das Fleisch nützt nichts. Die Worte, die ich zu euch gesprochen habe, sind Geist und sind Leben*» (Joh 6,61-63).

Und mit ganz unglücklichem Gesichtsausdruck fügt Petrus hinzu, in dieser Stunde hätten mehrere seiner Jünger Jesus den Rücken gekehrt und seien fortgegangen. Andere haben ihre Verwirrung und ihren Zweifel ausgedrückt, und auch bei ihnen sieht es so aus, als ob sie Jesus verlassen wollten. Als Jesus das sah, nahm er die Zwölf beiseite, um ihnen die entscheidende Frage zu stellen: «*Wollt ihr auch weggehen?*» – «Mir kam es dann zu», fügt Petrus voller Stolz hinzu, «im Namen der Apostel eine Antwort zu geben. Und das habe ich zu Jesus gesagt: *"Herr, zu wem sollen wir gehen? Du hast Worte des ewigen Lebens. Wir sind zum Glauben gekommen und haben erkannt: Du bist der Heilige Gottes"* (Joh 6,70). Daraufhin hat Jesus ein Wort gesagt, das mir das Herz durchbohrte: *"Habe ich nicht euch, die Zwölf, erwählt? Und doch ist einer von euch ein Teufel!"*» (Joh 6,70).

Myriam hört aufmerksam zu, was Petrus ihr berichtet. Johannes nickt von Zeit zu Zeit zustimmend mit dem Kopf. Da sagt sie zu ihnen: «Jesus ist der Messias, der Sohn des Vaters im Himmel. Keines seiner Worte, keine seiner Taten sollen euch jemals in Verwirrung bringen. Jedes seiner Worte ist Wahrheit, jede seiner Taten zeigt den Weg, der befolgt werden muss.» Sie sagt das ganz ruhig. Sie sieht alles, was Jesus betrifft, im Lichte der Worte, die der Engel ihr bei der Verkündigung offenbart hat. Von da an haben alle Ereignisse sie in ihrem Glauben bestärkt.

Als Petrus und Johannes sich in der Dämmerung entfernen, stößt Myriam einen Seufzer aus, der sowohl ihre Erleichterung ausdrückt, weil sie sieht, dass diese beiden Apostel stark und unerschütterlich in ihrem Glauben sind, als auch Traurigkeit, weil einige von Jesus abgefallen sind, die ihm vorher gefolgt waren. Ist das nicht ein Zeichen dafür, dass der Kampf, den ihr Sohn führt, um den Weg zum Gottesreich aufzuzeigen, immer härter wird, und das um so mehr, weil er davon spricht, dass er bald Galiläa verlassen muss, um nach Jerusalem hinaufzuziehen?

Und dieser «Teufel» unter den Aposteln, der von Jesus so plötzlich demaskiert worden ist, ohne ihn jedoch mit Namen zu nennen, wer ist es, fragt sich Myriam, als sie auf ihrem Lager ruht, und sie lässt die von Petrus und Johannes berichteten Ereignisse an ihrem geistigen Auge vorüberziehen. Ein Name kommt über ihre Lippen und ein Flüstern unterbricht einen Augenblick lang das Schweigen der Nacht: «Judas?» Und Tränen stürzen aus ihren Augen...

Das «lebendige Brot» vermehrt das Brot der Erde

In den nächsten beiden Wochen sieht Myriam Jesus nicht. Er hat sich mit den Zwölfen nach Phönizien begeben. Tyrus und Sidon liegen außerhalb der Grenzen von Israel. Indem er sich dorthin begibt, beginnt er symbolisch mit der Verkündigung der Frohen Botschaft in der Welt jenseits von Israels Grenzen. So kann er seinen Jüngern ihre Sendung zu verstehen geben, die Frohe Botschaft nicht nur in der Umgebung von Galiläa zu verkünden, sondern sie zu jeder Seele bis an die Enden der Erde zu bringen. Und zwar bis ans Ende der Zeit...

Sein Ruf hat sich schon in dieser Gegend im Ausland verbreitet. Jesus lässt diese Heiden Anteil haben an den Zeichen, die er in Galiläa so oft gewirkt hat. So hat er einmal einen Dämon aus der Tochter einer Phönizierin ausgetrieben, deren Glauben sein Herz bewegt hat (vgl. Mk 7,24-30).

Mit Freude erfährt Myriam das alles aus dem Munde des Johannes, der ihr diese Reise in ein heidnisches Land in allen Einzelheiten erzählt. So etwas war noch nie vorgekommen. Was ihn während dieser Wanderungen am meisten beeindruckt hat, war die Brotvermehrung für eine Volksmenge von viertausend Personen, von denen die meisten Heiden waren. Damit wirkte er noch einmal das gleiche Wunder, das er kurz zuvor in Galiläa gewirkt hatte (vgl. Mt 13,21).

Kapitel 27

Zwischen Freude und Leid

Eines Abends besuchen Petrus und Johannes wiederum die Mutter Jesu. Sie haben ihr eine wichtige Neuigkeit zu verkünden. Das Antlitz des Johannes drückt eine überströmende Freude aus: «Liebe Mutter Jesu», sagt er (es ist seine Gewohnheit, sie so anzureden), «es ist etwas ganz Außergewöhnliches geschehen!» Dann wendet er sich Petrus zu und lässt ihn aus Ehrerbietung als Ersten erzählen. Dieser berichtet nun mit seiner tiefen und bedächtigen Stimme, dass Jesus die zwölf Apostel zu zwei und zwei ausgesandt hat, um die Frohe Botschaft zu verkünden. «Johannes und ich waren zusammen. Was uns ganz außer Fassung gebracht hat, war nicht so sehr die Tatsache, zu den Volksmengen zu sprechen, sondern vom Herrn die Macht erhalten zu haben, unsere Worte, wie er es tut, von Zeichen zu begleiten. Johannes und ich haben diese Macht im Namen Jesu ausgeübt, indem wir Dämonen ausgetrieben und Kranke geheilt haben; diese haben wir mit Öl gesalbt. Jeden Tag im Laufe dieser Woche ist eine größere Volksmenge zu uns gekommen. Wir hatten nichts mit uns genommen, wie der Meister es uns geboten hat, und wir waren angenehm überrascht, welchen Empfang man uns bereitet hat; zahlreich waren die, welche uns zu Tisch gebeten und uns ein Obdach angeboten haben.»

Die Mutter Jesu ist glücklich über die Freude der beiden Apostel; diese Freude ist überströmend und mitteilsam bei Johannes, zurückhaltend und diskret bei Petrus.

Myriam ist allerdings über diesen Bericht nicht überrascht. In seinen vertraulichen Gesprächen mit ihr allein, die leider immer seltener geworden sind, hat ihr Sohn ihr von der Errichtung seines Königreiches gesprochen: «Mein Vater im Himmel wird meinen Jüngern die Fähigkeit geben zu heilen und die Kraft, Satan und seine Legionen zu vertreiben, allerdings unter einer Bedingung, dass sie nämlich von einem unerschütterlichen, unbeirrbaren Glauben beseelt sind. Wenn ich nicht mehr sichtbar bei ihnen sein werde, dann werden sie mein Werk fortsetzen. Und diese Vollmacht ist nicht auf diese Generation beschränkt, sondern sie gilt für alle Generationen von Jüngern, bis zu meiner Wiederkunft in Herrlichkeit. So ist es der Wille meines Vaters. Bete zu meinem und deinem Vater, dass er die Zahl der Jünger vermehre, jetzt und für alle Zeit.»

Diese vertraulichen Mitteilungen kann Myriam diesen beiden Aposteln, deren Freude so herzerwärmend ist, allerdings nicht weitergeben. Jesus allein weiß, was er ihnen sagen kann und was er für später zurückstellen muss. Und auch, was er ihnen gar nicht offenbaren kann, weil sie nicht fähig sind, es zu verstehen und zu tragen. Soviel steht fest, dass dieser mit den beiden ihrem Herzen so teuren Aposteln verbrachte Abend Balsam für ihre Seele ist, die von den immer häufigeren Kundgebungen der Feindseligkeit gegen ihren Sohn verwundet wird. Sie hat kaum noch Gelegenheit, ihm allein zu begegnen. Er erfüllt unermüdlich seine Sendung, allerdings zieht er sich auch oft, wie es auch an diesem Abend der Fall ist, an einen einsamen Ort zurück, um zu seinem Vater im Himmel zu beten.

Ehe die beiden Apostel die Mutter Jesu verlassen, berichtet Johannes ihr von einer wundervollen Szene, die sich vor einigen Tagen in der Nähe von Cäsarea Philippi ereignet hat. Jesus befand sich inmitten der Zwölf und einiger Jünger. Er überraschte sie mit der Frage: «*Für wen halten die Leute den Menschensohn?*» Sie antworteten ihm, dass man ihn für Johannes den Täufer hielte oder für Elija oder auch für Jeremia.

Dann kam die wesentliche Frage: «*Ihr aber, für wen haltet ihr mich?*» – «Und du, Petrus, bist es gewesen, der in unser aller Namen geantwortet hat», fügt Johannes hinzu. Da wiederholt Petrus seine erstaunliche Antwort vor der Mutter Jesu, die ihm liebevoll zuhört: «*Du bist Christus, der Sohn des lebendigen Gottes!*» (Mt 16,13-20).

Eine überaus erstaunliche Antwort, die dem Petrus durch den Heiligen Geist eingegeben worden ist! «Christus, der Messias», ja, sie alle ohne Ausnahme glauben es, die in diesem Augenblick bei Jesus sind, aber sollte Jahwe einen Sohn haben? Gewiss, Jesus hat zu ihnen oft von seinem Vater im Himmel gesprochen, aber ist Jahwe nicht der Vater Israels? So kann jeder in Israel sich an ihn als an seinen Vater wenden, den gemeinsamen Vater. Niemand hat sich jedoch über den Sinn des Ausdrucks: «*der Sohn Gottes*» geirrt. Nur Jesus, der Messias, verdient ihn!

An diesem Tag, in der Nähe von Cäsarea Philippi, empfangen die Jünger ein erstes und noch schwaches

Leuchten des blendenden Lichtes der Allerheiligsten Dreifaltigkeit. Sie alle glauben aus ganzem Herzen an Jahwe, dessen Existenz für sie ebenso selbstverständlich ist wie das Licht der Sonne. Mit ihren fleischlichen Augen sehen sie Jesus, den Sohn Jahwes, der die Macht hat, alle Krankheiten zu heilen, die Toten zu erwecken, den entfesselten Naturgewalten und den Dämonen zu befehlen, die er aus Männern, Frauen und Kindern austreibt, von denen sie gequält wurden. Und die dritte Person der Allerheiligsten Dreifaltigkeit, der Heilige Geist, kommt er nicht, um die Worte des Petrus zu inspirieren? Alles das steigt langsam und noch undeutlich aus der Tiefe ihrer Seelen auf...

Noch einmal das Schwert

Als Petrus und Johannes an diesem Abend die Mutter Jesu verlassen, ist ihre Freude derart überströmend, dass sie Lust haben, auf der Straße zu tanzen. Jedesmal, wenn Johannes die Mutter des Herrn besucht, empfindet er das gleiche so lebhafte Gefühl der Freude, dass ihm das Herz fast in der Brust zerspringt. Ja, sagt er sich, die Mutter Jesu ist die Mutter aller Freude!

«Ach, wenn doch alle Menschen so wären wie Johannes und Petrus!» seufzt Myriam, nachdem die beiden die Schwelle ihres Hauses überschritten haben. Das wäre die Herrschaft Gottes auf Erden! Ihr ganzes Leben lang, seit der Verkündigung und mehr noch durch die vertraulichen Mitteilungen ihres Sohnes weiß sie, dass das Gottesreich sich auf einem Ozean von Tränen und ganzen Flüssen von Blut aufbaut...

Genau diese Tränen wird sie von dem Tag an vergießen, der auf den Besuch von Petrus und Johannes folgt. Zahlreiche Jünger sind an diesem Tag um den Herrn versammelt. Myriam ist unter ihnen. Nun verkündet ihnen Jesus, dass er «*nach Jerusalem gehen und von den Ältesten, den Hohenpriestern und den Schriftgelehrten vieles erleiden müsse*» (Mt 16,21). Unter einem Baum sitzend vergießt die Mutter Jesu stille Tränen. Nachdem Jesus ihnen offenbart hatte, was ihn in Kürze erwarten werde, spricht er zu ihnen auch von ihrer eigenen Zukunft: «*Wer mein Jünger sein will, der verleugne sich selbst, nehme sein Kreuz auf sich und folge mir nach!*» (Mt 16,24). Er verspricht ihnen weder Ehre noch Glück, sondern Leiden, die schon durch das Kreuz versinnbildlicht sind, dessen spätere Rolle in seinem Leben und seinem Tod Jesus kennt. Seine Mutter, die ihm zuhört, versteht die Absicht ihres Sohnes: Bei seinem eigenen Kreuzweg, der ihn nach Jerusalem führen wird, will er in seiner Nähe nur erprobte Jünger haben, die bereit sind, Hindernisse und Schwierigkeiten zu überwinden, mögen sie auch noch so groß sein.

Unter dem Baume sitzend lässt die Mutter Jesu nun in ihrem Geist die jüngsten Angriffe vorüberziehen, die die Schriftgelehrten und Pharisäer gegen ihren Sohn angezettelt hatten. Manche waren sogar eigens aus Jerusalem gekommen, um ihn auszuforschen und in Verwirrung zu bringen. Myriam hat ohne Schwierigkeiten ihren Charakter und ihre Pläne durchschaut. Für diese Leute ist Jesus ein gefährlicher Aufrührer. Sie suchen ihn daran zu hindern, Schaden anzurichten und wollen ihn zum Schweigen bringen...

Kapitel 28

Petrus, Jakobus und Johannes, wie Mose...

Sechs Tage später sieht die Mutter Jesu Petrus, Jakobus und Johannes zu ihr kommen. Alle drei machen einen abwesenden Eindruck, ihr Blick ist in die Ferne gerichtet. Myriam sieht sofort, dass sie gekommen sind, um ihr eine wichtige Nachricht zu bringen. Eine ganz ungewöhnliche Nachricht, denn sie hat sie niemals zuvor mit diesem eigenartigen Gesichtsausdruck gesehen. In ihrem Herzen aber weiß sie, warum sie an diesem Abend zu ihr kommen...

Am Morgen dieses Tages hat Jesus sie mit sich genommen, um sie beiseite zu führen, auf einen hohen Berg. Schweigend steigen sie den Tabor empor. Es ist eine feierliche Stunde. Jesus bewahrt das Schweigen. Er geht voraus. Die drei Apostel spüren, dass er intensiv zu seinem Vater im Himmel betet.

Als sie oben angekommen sind, kniet Jesus sich hin und verweilt in der Kontemplation. Petrus, Jakobus und Johannes knien sich auch, einige Schritte hinter ihm. Sie beten, während sie gleichzeitig die Blicke auf den Herrn gerichtet haben.

Nach längerer Zeit steht Jesus auf. Sogleich *«leuchtet sein Antlitz wie die Sonne, und seine Kleider werden blendend weiß wie das Licht»* (Mt 17,2). Plötzlich bemerken die Apostel neben ihm zwei Männer. Johannes, der in der Heiligen Schrift bewandert ist, erkennt in ihnen Mose und Elija, die beiden Propheten des Berges Horeb; er flüstert ihre Namen den beiden anderen Aposteln zu. Die Vision ist so schön, die drei empfinden ein solches Glück, eine so überströmende Freude, als wenn sie ins Paradies entrückt worden wären. *«Mein Herr und mein Gott»*, flüstert Johannes.

Jesus spricht mit Mose und Elija. Die drei großen Faster der Heilsgeschichte brennen vor Verlangen, die Menschen vor dem Zugriff des Mörders von Anbeginn zu erretten; sie haben alle drei die gnadenlose Härte des Kampfes erfahren, um dahin zu gelangen; eines Kampfes, der sich bis zum Ende der Zeiten hinziehen wird. Jesus selbst führt ihn in diesem Augenblick. Die Apostel haben ihre Augen auf diese glückselige Schau gerichtet. Ihr ganzes Wesen ist von einer bis dahin unbekannten Glückseligkeit erfüllt. Schließlich wagt es Petrus, das Wort an Jesus zu richten: *«Herr, es ist gut, dass wir hier sind. Wenn du willst, werde ich hier drei Hütten bauen, eine für dich, eine für Mose und eine für Elija»* (Mt 17,4). Er hatte noch nicht zu Ende gesprochen, als eine lichte Wolke sie bedeckte, und aus der Wolke rief eine Stimme: *«Das ist mein geliebter Sohn, an dem ich Gefallen gefunden habe; auf ihn sollt ihr hören.»*

Die leuchtende Wolke, die feierliche Stimme, die Erschütterung wegen dieser unerwarteten Szene, die göttliche Schau, deren Zeugen sie waren, hat ihre Seelen sowohl hingerissen wie auch mit Schrecken erfüllt. Sie fallen alle drei mit dem Angesicht zur Erde; dann fühlen sie die Hand Jesu, der sie anrührt, und hören seine Stimme, die mit großer Sanftmut zu ihnen sagt: *«Steht auf, fürchtet euch nicht.»* Sie erheben die Augen und zu ihrer Überraschung sehen sie nur Jesus allein, so wie sie ihn auch sonst erblicken.

Dann steigen sie den Abhang des Tabor hinab. Die Apostel sind bis ins Innerste aufgewühlt. Sie sind unfähig, auch nur ein einziges Wort zu sagen, als ob sie stumm wären. Dann hören sie, wie Jesus ihnen befiehlt: *«Erzählt niemand von dem, was ihr gesehen habt, bis der Menschensohn von den Toten auferstanden ist»* (Mt 17,9).

Gehen wir zur Mutter Jesu!

Als Petrus, Jakobus und Johannes bei den anderen Aposteln angekommen sind, bleiben sie unerklärlicherweise ganz still. Nach ihrem fast verstörten Blick zu urteilen, war es den anderen Aposteln klar, dass sich für die drei in Begleitung Jesu außerordentliche Dinge ereignet haben mussten. Sie befragen sie, aber umsonst; die drei bleiben stumm. Die unruhige Umgebung bedrückt sie; sie haben das Bedürfnis, allein zu sein, um im Frieden und in der Freude innerlich noch einmal das Geschaute zu erleben. Dann sagt Johannes zu Petrus: «Gehen wir zur Mutter Jesu!»

Durch diese Anregung fühlen sie sich erleichtert. Sie wissen, dass Jesus alles mit seiner Mutter teilt; daher betrifft das Verbot sie nicht. So können sie endlich mit jemandem von dem sprechen, wovon ihr Herz überfließt.

Myriam ist keineswegs überrascht, sie kommen zu sehen. Durch ein besonderes Privileg hat sie im Geiste die Verklärung ihres Sohnes auf dem Tabor und die Erscheinung der beiden großen Propheten des Alten Bundes miterlebt. Diese Theophanie des Gottessohnes, konnte sie sich in Abwesenheit der Gottesmutter ereignen?

Sie sind noch immer so erschüttert, dass sie kaum zu sprechen vermögen. Da ergreift die Mutter Jesu die Initiative. Sie erklärt ihnen den tiefen Sinn dessen, was sie soeben erlebt haben. Sie sind nicht erstaunt darüber, dass sie schon alles weiß von der Vision auf dem Tabor; sie haben es in der Vergangenheit immer wieder erfahren, dass Jesus und seine Mutter in völliger Seelengemeinschaft leben.

So sagt sie ihnen im Wesentlichen: «Jesus, der auf diese Weise seine Göttlichkeit in ihrem ganzen Glanz gezeigt hat, will euch damit in eurem Glauben an ihn bestärken. Ihr wisst, dass er die Absicht hat, bald mit euch hinauf nach Jerusalem zu gehen. Er hat euch nicht verborgen, dass ihr Ereignissen gegenübergestellt sein werdet, die geeignet sind, euren Glauben zu erschüttern. Dann werdet ihr euch an das erinnern, was ihr heute gesehen habt, dass ihr die Stimme Gottvaters gehört habt, die aus der leuchtenden Wolke kam, die euch umhüllte. Er hat euch nicht verborgen, dass er zum Tode verurteilt und getötet werden wird.» Als Myriam dies alles sagt, kann sie es nicht verhindern, dass ihr Antlitz von Tränen überströmt wird. «Man muss unerschütterlich sein im Glauben, bis Jesus am dritten Tage von den Toten aufersteht.»

«Alles das», sagt sie zum Schluss, «hat er euch mehrmals gesagt. Begreift es gut, der Sohn des lebendigen Gottes muss leiden und sterben, um die nach Gottes Ebenbild geschaffenen Menschen zu erretten. Jesus ist nicht gekommen, um das Königtum in Israel wieder aufzurichten, sondern um den Menschen, die von Gott so sehr geliebt werden, das Heil und das Glück zu bringen. Das ist sein Himmelreich! Und für euch, seine Jünger, wie auch für alle anderen gegenwärtigen und zukünftigen Jünger wird es immer ein harter Kampf sein, wie der es ist, den Jesus jetzt führt. Deshalb hat die Stimme des himmlischen Vaters in der Wolke zu euch gesagt: *«Hört auf ihn!»*

Petrus, Jakobus und Johannes lassen sich von diesen tröstlichen Worten durchdringen. Sie haben nicht aufgehört, für die Mutter Jesu eine tiefe, mit Zuneigung und großer Zärtlichkeit verbundene Ehrfurcht zu empfinden. Ist sie nicht in gewisser Weise auch ihre eigene Mutter?

Als die drei Apostel sich in der Nacht entfernen, fühlen sie sich getröstet und beruhigt. Nach all dem, was sie im Laufe des Tages erlebt haben, ist ihr Glaube an Jesus felsenfest geworden. Als sie nach Hause zurückkehren, erfahren sie, dass der Herr sich wieder einmal zurückgezogen hat, um die Nacht im Gebet zu verbringen.

Kapitel 29

Myriam begleitet Jesus zum Laubhüttenfest

Als der Herbst des zweiten Jahres seines öffentlichen Lebens beginnt, sagt Jesus seinen Aposteln, dass die Zeit gekommen ist, nach Judäa hinaufzusteigen. Es ist Ende September. In zwei Wochen, am 15. des Monats Tischri, findet in Jerusalem das Laubhüttenfest statt. Nach Pascha ist dies das «große und hervorragend heilige» Fest. Jesus legt Wert darauf, dabei zu sein, denn viele Menschen kommen dorthin. Und dann ist es auch ein Fest, das in Fröhlichkeit gefeiert wird; die Ernte ist eingebracht und die Weinlese beendet. Man ist um so glücklicher, als man fünf Tage zuvor das Kippur begangen hat, einen Tag, den man in Traurigkeit und im Fasten verbringt, nachdem man den mit den Sünden Israels beladenen Bock in die Wüste gejagt hat. Die Gegenwart Christi beim Laubhüttenfest - oder Fest der Tabernakel - wird sehr symbolträchtig sein für ihn, da er ja gekommen ist, um die wahre Freude auf die Erde zu bringen, indem er ihre Sünden auf sich lädt. Überall auf der Erde wird er bis zum Ende der Zeiten in den Tabernakeln wachen.

Viele Menschen begleiten Jesus auf seinem Weg nach Jerusalem. Inmitten der Jünger befindet sich auch Myriam, seine Mutter. Da sie um den Kampf weiß, der ihrem Sohne bevorsteht, legt sie Wert darauf, bei ihm zu sein. Alle Jünger in ihrer Nähe sind durch die diskrete Ausstrahlung ihrer Persönlichkeit beeindruckt, sowie durch ihre Güte und ihr Lächeln, das sanfter ist als Milch und Honig. In ihrer Nähe fühlt jeder instinktiv, dass er sich in Gegenwart eines außergewöhnlichen Menschen befindet. Dann sagen sich die Jünger, dass das schließlich nicht erstaunlich ist; denn ist sie nicht die Mutter Jesu, des Christus?

Jesus geht voran; neben ihm ist Petrus. Nach dem denkwürdigen Tag, als er in der Nähe von Cäsarea Philippi unter der Eingebung des Heiligen Geistes die Gottheit Jesu bekannte und der Herr ihm eine ihn zutiefst erschütternde Antwort gab, schreitet Petrus während der langen und nicht enden wollenden Wanderungen neben dem Herrn einher, gestern in Galiläa und heute auf dem Weg nach Judäa. Niemals wird der Apostel ein einziges Wort dieser Antwort des Gottessohnes vergessen: «*Selig bist du, Simon Barjona, denn nicht Fleisch und Blut haben dir das geoffenbart, sondern mein Vater im Himmel. Ich aber sage dir: Du bist Petrus, und auf diesen Felsen werde ich meine Kirche bauen, und die Mächte der Unterwelt werden sie nicht überwältigen. Ich werde dir die Schlüssel des Himmelreichs geben; was du auf Erden binden wirst, das wird auch im Himmel gebunden sein, und was du auf Erden lösen wirst, das wird auch im Himmel gelöst sein*» (Mt 16,17-19).

Seit diesem außerordentlichen Tag denkt Petrus über diese Worte immer wieder nach. Manchmal entdeckt er neue Aspekte, aber erst zu Pfingsten wird er vollständig deren Sinn verstehen.

So bewegt sich der ganze Zug durch die fruchtbaren Fluren Galiläas und dann Samarias. Jesus hat den Weg über die Hügel gewählt; dort ist es frisch, im Gegensatz zu dem staubigen und an diesen ersten Herbsttagen noch glühend heißen Weg den Jordan entlang. Am dritten Tag, nachdem sie im ganzen etwa fünfzig Kilometer zurückgelegt haben, kommen sie in die Gegend von Sichem und am Jakobsbrunnen vorbei. Die Gruppe hält hier an. Jesus erinnert sich an die Episode, als er die Samariterin gebeten hatte, ihm zu trinken zu geben, und der er geoffenbart hatte, dass er der Messias sei. Sie war die erste, die es wusste, sie, die einem Volke angehört, das von den Juden als häretisch verachtet wird. Jesus ist bei dieser Erinnerung ganz bewegt; er weiß, dass diese ihm die gleiche Beschuldigung vorwerfen werden.

Während sie das Land durchqueren, wo Kiefern und mit Früchten behangene Ölbäume wachsen, wo Myrten und Palmen stehen, pflücken die Mitglieder des Gefolges im Vorbeigehen Zweige von den Palmen und den Salweiden, um Sträuße daraus zu binden. Sie bewegen sie in die vier Himmelsrichtungen, indem sie den Kehrvers der rituellen Akklamationen singen, wie sie von alters her üblich sind: «Hallel, Hallel, Alleluja!» - Ehre, Ehre, Ehre sei Gott! Alle sind fröhlich, Myriam eingeschlossen; auch sie trägt einen Strauß, den die Jünger in liebender Ehrerbietung für sie gepflückt haben.

Dialog zwischen der Liebe und dem Hass

Auf dem Weg nach Jerusalem, wo Jesus von seinen Jüngern umgeben ist, fährt er fort, den herbeiströmenden Volksscharen die Frohe Botschaft zu verkünden. Denn schon lange vor der Ankunft der Gruppe hat sich die Nachricht verbreitet: «Ein Prophet wird hier vorbeikommen, und er wirkt Wunder!»

Eines Abends entfernt sich Jesus nach seiner Gewohnheit ein wenig, um zu beten. Mehrere Jünger beobachten ihn. Als er zurückkommt, sagt einer von ihnen zu ihm: *«Herr, lehre uns beten»* (Lk 11,2). Da entströmt seinem Herzen eine lange Meditation, das herrlichste aller Gebete, das jemals die Lippen eines Menschen ausgesprochen hat. Dieses Gebet richtet sich an den Vater im Himmel; es verherrlicht ihn, indem es ihm alles übergibt. Es bittet sodann um die tägliche Nahrung und erfleht vom Herrn Verzeihung und Schutz.

Dies ist einer jener wundervollen Augenblicke auf dem Weg nach Jerusalem. Solcher Augenblicke werden es immer mehr, zur großen Freude der Jünger, aber auch der Mutter Jesu, die mit glühendem Eifer auf die Worte ihres Sohnes hört. Wie sie sich freut und alle mit ihr, das Gleichnis vom verlorenen und wiedergefundenen Schaf zu hören (Lk 15,1-7) und das vom verlorenen Sohn, wie er zu seinem Vater heimkehrt. Außer der Mutter Jesu versteht niemand so recht das Gleichnis von den Arbeitern im Weinberg, die zu verschiedenen Stunden zur Arbeit gerufen werden, aber alle den gleichen Lohn empfangen. Myriam weiß besser als alle anderen, dass das Maß aller Dinge die in der göttlichen Gerechtigkeit gelebte Liebe ist, die sich nicht immer mit jener der Menschen deckt. Jesus ist ja gerade gekommen, um den Menschen die allumfassende Jugendfrische zu verkünden, die des absoluten Vorrangs der Liebe.

Als sie sich Jerusalem nähern, schleicht sich in die Reihen der Zuhörer allmählich Widerstand ein. Die Pharisäer und Schriftgelehrten lauern auf sein Kommen. Irgendwie haben sie erfahren, dass er am Laubhüttenfest teilnehmen will. Es ist ihnen bekannt, welch unglaublichen Erfolg Jesus in Galiläa gehabt hat. Daher tun sie sich zusammen, um ihn daran zu hindern, auch in Jerusalem eine solche Verheerung anzurichten. Die Episode von dem Gelähmten, der am letzten Paschafest am Teich der fünf Säulenhallen geheilt worden war, haftet noch allen im Gedächtnis. «Seid auf eurer Hut», sagen sie immer wieder dem Volk, «Jesus ist nichts anderes als ein Aufrührer, der euch betrügt.» Und um ihn bei den gesetzestreuen Juden verhasst zu machen, fügen sie hinzu: «Er fastet nicht. Er hat Umgang mit den Heiden, den Zöllnern und mit Frauen von schlechtem Ruf, er kümmert sich nicht um die rituellen Waschungen, er heilt am Sabbat. Alles das ist nicht zu vereinbaren mit dem Gesetz. Nehmt euch in acht vor diesem Jesus aus Galiläa, er ist ein großer Sünder.»

Jesus ist kaum in Jerusalem angekommen, da richtet er schon das Wort an die Volksmenge, sowohl unter den Säulenhallen als auch im Vorhof der Männer und dem der Frauen. Das ganze Volk strömt zu ihm hin, zum größten Ärger der Pharisäer, die ihm indessen sehr genau zuhören. *«Wie kann der die Schrift verstehen, ohne dafür ausgebildet worden zu sein?»* (Joh 7,15). Jesus

entgegnet ihnen: «*Meine Lehre stammt nicht von mir,
sondern von dem, der mich gesandt hat. Wer bereit ist,
den Willen Gottes zu tun, wird erkennen, ob diese Lehre
von Gott stammt, oder ob ich in meinem eigenen Namen
spreche*» (Joh 7,17).

Die Mutter Jesu befindet sich unter der Volksmenge,
die sich in der Säulenhalle des Salomon versammelt hat.
In ihrer Nähe hört sie, wie man sagt: «Das ist wirklich ein
Prophet!» – «Es ist der Messias», sagen andere. Einige
Pharisäer unterbrechen die Leute und weisen darauf
hin, dass Jesus aus Galiläa kommt, während die Heilige
Schrift sagt, dass der Messias aus dem Stamme Davids
und aus Bethlehem sein wird (Joh 7,40-43). Wie glücklich
ist Myriam jedesmal, wenn sie in ihrer Nähe jemanden
hört, der seinen Glauben an Jesus bekennt! Niemand, so
sagt man, kann die Wunder tun, wie er sie vollbringt. Wie
unglücklich ist sie aber auch über die Verschwörung,
welche die Feinde Jesu gegen ihn anzetteln, und wenn
sie sieht, wie die Schriftgelehrten und Pharisäer ihm
immer hinterhältigere Fallen stellen!

Die unendliche Barmherzigkeit am Werk

So führen sie am Laubhüttenfest, das bei manchen
eine Gelegenheit ist, sich der Ausgelassenheit und Zügel-
losigkeit zu überlassen, eine Frau zu ihm, die sie auf
frischer Tat beim Ehebruch ertappt haben. «Diesmal
haben wir ihn», sagen sie, «er wird die Strafe, die durch
Mose vorgesehen ist, nicht von ihr abwenden können.»

Die Szene spielt sich bei der Nikanor-Pforte ab, die
östlich vom Tempel liegt. Der Talmud schreibt vor, dass

jede Frau, die bei dieser Sünde ertappt wird, «am Kragen ihres Kleides herangeschleppt» und mit dem Tode bestraft werden soll.

Myriam befindet sich unter der Volksmenge. Sie ist soeben mit Jesus und den Jüngern vom Ölberg heruntergekommen, dem Ort, an den sie sich immer wieder zurückziehen, um dem Lärm und der Unruhe in der Nähe des Tempels zu entfliehen.

Angesichts der Herausforderung der ewig starrsinnigen Vertreter des Gesetzes hört Jesus, der allein ihnen gegenübersteht, wie sie ihn fragen: *«Mose hat uns im Gesetz vorgeschrieben, solche Frauen zu steinigen. Nun, was sagst du?»* (Joh 8,5).

Angesichts der Hinterhältigkeit dieser Frage, die ihre geheimen Absichten offenbart, beugt Jesus sich nieder und schreibt mit dem Finger in den Sand. Wie oft hat er seine Mutter nicht sagen hören: «Das ist in den Sand geschrieben», um die Widerruflichkeit einer Angelegenheit oder ihre Überschreitung durch ein neues Gesetz, das höher steht als das alte, zu betonen. Dieses neue Gesetz dem Volke Israel zu verkündigen und durch dieses, sein Volk allen Nationen, ist er gekommen, und es setzt unter anderem auch die Steinigung als Strafe für den Ehebruch einer Frau außer Kraft. Myriam, die dieses neue Gesetz in sich aufgenommen hat, wirft einen Blick des Mitleids auf diese Frau, die man hierher geschleppt hat und die so jammervoll auf der Erde liegt und von Weinen erschüttert wird. Das Herz der Unbefleckten ist von Mitleid gerührt beim Anblick einer Sünderin!

Wie ein Rudel Hyänen stehen die Schriftgelehrten um ihn herum und stellen ihm immer neue Fragen, wütend darüber, dass Jesus noch immer nichts sagt. Sie sehen ihn schon durch die Situation besiegt... Endlich richtet Jesus sich auf und sagt: «*Wer unter euch ohne Sünde ist, der werfe auf sie den ersten Stein.*» Dann bückt er sich von neuem und schreibt wieder Zeichen in den Sand. Ein paar alte Männer gehen diskret hinweg, nach und nach verlassen auch die anderen den Ort. Schließlich sind nur noch Jesus da, seine Jünger und seine Mutter. Und die unglückliche Frau, die noch immer auf der Erde liegt. Die Jünger kennen schon den Ausgang der Sache; der Herr hört ja nicht auf, sie in Erstaunen zu versetzen. Myriam wischt eine Träne fort, die in ihren Augen glänzt, und jetzt betrachtet sie mit liebevollem Blick die ehebrecherische Frau. Diese ist sichtbar erleichtert, weil diejenigen fortgegangen sind, die sie mit Steinwürfen töten wollten. Alle hören, wie Jesus sie jetzt fragt: «*Frau, wo sind sie geblieben? Hat dich keiner verurteilt?*» Sie antwortet: «*Keiner, Herr.*» Und Jesus sagt ihr: «*Auch ich verurteile dich nicht. Geh und sündige von jetzt an nicht mehr!*» (Joh 8,10.11).

Ströme von Tränen fließen über die Wangen der Sünderin, Tränen der Freude und der Dankbarkeit nach dem herzzerreißenden Schluchzen der Verzweiflung.

Diese Frau wird nicht mehr sündigen; sie wird eine der glühendsten Jüngerinnen des Messias sein.

Der tragische Ausgang des Konfliktes in Sicht

Jesus begibt sich in Begleitung seiner Mutter und der Jünger in den Vorhof des Tempels. In dem Raum für die Opfergaben bleibt er stehen. Eine dichte Volksmenge drängt sich um ihn herum. Schriftgelehrte und Pharisäer schaffen sich mit den Ellenbogen Platz, um so nahe wie möglich bei ihm zu sein. Da vernehmen sie Worte, die sie noch niemals gehört haben: *«Ich bin das Licht der Welt. Wer mir nachfolgt, wird nicht in der Finsternis umhergehen»* (Joh 8,12). Mit einer Stimme, die seinen Zorn verrät, entgegnet ihm ein Pharisäer, dass diese Selbstaussage nichts wert ist. Zum Beleg seines eigenen Zeugnisses führt Jesus jetzt das seines Vaters an. Aber der Geist seiner Feinde ist unzugänglich für jedes Wort, jedes Zeichen. Da beendet Jesus das Streitgespräch und sagt: *«Ich gehe fort, und ihr werdet mich suchen, und ihr werdet in eurer Sünde sterben. Wohin ich gehe, dorthin könnt ihr nicht gelangen... Ihr stammt von unten, ich stamme von oben; ihr seid aus dieser Welt, ich bin nicht aus dieser Welt»*, und, da er in ihrem Geist seine eigene Verurteilung zum Tode liest, fährt er fort: *«Wenn ihr den Menschensohn erhöht habt, dann werdet ihr erkennen, dass ich es bin. Ihr werdet erkennen, dass ich nichts im eigenen Namen tue, sondern nur das sage, was mich der Vater gelehrt hat. Und er, der mich gesandt hat, ist bei mir»* (Joh 8,21-29).

Die Pharisäer und Schriftgelehrten sind außer sich vor Zorn über diese neue «Gotteslästerung», wo Jesus sich Gott gleich stellt, indem er die Definition, die Jahwe dem Mose gegeben hatte, auf sich selbst bezieht; sie entfernen sich im Bewusstsein, jetzt einen Grund zu haben, ihn zum Tode zu verurteilen. Unter denen, die Jesus zuhören, sind aber auch viele, die von da ab an Jesus glauben.

Da auch Myriam in den boshaften Gedanken seiner Feinde liest, ist sie bis ins Innerste erschüttert über diese Kontroverse, wo Jesus offen seine Göttlichkeit erklärt und dabei dem hasserfüllten Widerstand derer begegnet, die das unbeugsame und harte Gesetz vertreten. Sie fühlt, dass der endgültige Zusammenstoß nahe ist, und er wird tragisch sein. Mehr als je zuvor fühlt sie das Schwert in ihrer Brust, das sie bald noch grausamer durchbohren wird.

Kapitel 30

Das so überaus wankelmütige Volk

Von diesem Tage an, als die Feinde Jesu in ihrem Geist sein Schicksal besiegelt haben, weil er die äußerste Gotteslästerung ausgesprochen hatte, fährt der Messias in seiner Sendung fort; er verkündet den Armen und Geringen die Frohe Botschaft, er heilt die Kranken, gibt den Blinden das Augenlicht zurück und weckt die Toten auf. Sein Ruf breitet sich immer weiter aus, auch wenn er Wunder am Sabbat vollbringt, was durch das Gesetz verboten ist. Als Jesus zum Beispiel einem von Geburt an Blinden am Sabbat das Augenlicht gibt, wird der Geheilte von den Pharisäern ausgefragt, herumgestoßen, beschimpft und aus der Synagoge verjagt.

Wie immer, wenn Myriam in Jerusalem weilt, wohnt sie bei einer ihrer Gefährtinnen aus der Kindheit, aus der Zeit, da sie beide die Tempelschule besuchten. Durch sie ist Sara zu einer glühenden Jüngerin ihres Sohnes geworden. Deshalb kommen die Apostel und die anderen Jünger, die für die Mutter Jesu eine mit herzlicher Zuneigung verbundene Verehrung empfinden, sie oft in diesem Haus besuchen. Bei ihr und bei Sara spricht man von den letzten Ereignissen, man beklagt die Verblendung der Pharisäer, und traurig kommentiert man die Ankündigung Jesu, dass er leiden werde. Diese Begegnungen bei der Mutter des Herrn erwärmen das Herz eines jeden.

Zusammen mit den Aposteln ist sie bei Jesus, als er dem von Geburt an Blinden, den er geheilt hatte, erneut begegnet. Er hat Wert darauf gelegt, ihn wiederzusehen, als er erfahren hatte, dass die Pharisäer ihn so grob behandelt und sogar aus der Synagoge verjagt hatten. *«Glaubst du an den Menschensohn?»*, fragt er ihn. *«Ich glaube, Herr»*, antwortet ihm der geheilte Blinde. Im Beisein der Pharisäer, die jetzt ständig hinter ihm her sind, spricht Jesus ein allem Anschein nach seltsames Wort: *«Um zu richten, bin ich in diese Welt gekommen: damit die Blinden sehend und die Sehenden blind werden»* (Joh 9,35-39).

Am nächsten Morgen in aller Frühe verlässt Jesus mit seinen Jüngern Jerusalem, auch seine Mutter ist dabei. Unter einem strahlend blauen Himmel gehen sie, von Liebe und Bewunderung ergriffen, zusammen durch die Gärten mit den grünenden Weinstöcken, die in die rötliche Erde gepflanzt sind. In der Ferne lässt sich in blassem Ockergelb die Wüste erkennen. Hier aber breiten sich Grünflächen aus, und zwischen ihnen befinden sich Abgrenzungen von aufeinander geschichteten Steinen. Die Kühe aus dem nahen Dorf sind noch seit dem Vorabend in einer besonders großen Umzäunung eingepfercht. Weiter entfernt befindet sich in einer Hürde eine Schafherde, die ihren Hirten erwartet.

Jesus bleibt dort stehen; die Nachricht von seinem Vorübergang hat sich mit Windeseile verbreitet. Die

Menschen kommen herbeigelaufen, um den Propheten zu hören und, wenn möglich, bei einem Wunder dabei zu sein.

Jesus stützt sich jetzt auf das Gatter der Umzäunung und beginnt mit seiner klaren, starken und wohllautenden Stimme zu sprechen. In der Volksmenge ist es ganz still geworden, sogar das Blöken der Herde ist verstummt... In dieser schönen Umgebung erzählt er nun das Gleichnis vom Guten Hirten; es ist wie eine himmlische Musik. Die morgendliche Stunde, die ländliche Umgebung, die melodische Stimme des Messias, die Szene, die er mit sichtbarer Bewegung beschreibt, das alles bewegt die Zuhörer bis ins Innerste ihrer Seele...

Myriam ist überglücklich, die Apostel sind außer sich vor Freude. Ja, Jesus ist wirklich der Gute Hirte, dessen Stimme die Schafe erkennen und der jedes Einzelne von ihnen kennt; er ruft sie liebevoll bei ihrem Namen. Er ist die Tür zu den Schafen, durch die man eintreten muss. Wer durch diese Türe geht, der ist beschützt und in Sicherheit. Er wird das Leben im Überfluss besitzen.

Plötzlich breitet sich ein Schleier von Traurigkeit über die bezaubernden Worte des Messias, als er nämlich verkündet, dass er sein Leben für seine Schafe hingeben wird. Nur Myriam und die Jünger verstehen, dass er von seinem nahe bevorstehenden Tode spricht.

In der Menge: die allgegenwärtigen Feinde Jesu: «Er ist von Sinnen, er ist vom Teufel besessen», sagen sie.

Jetzt kommt man, um Jesus mitzuteilen, dass Lazarus schwer krank ist. Jesus aber setzt noch zwei weitere Tage hindurch seine Wanderungen in dieser Gegend fort. Er entfernt sich dabei noch weiter von Jerusalem. Das Dorf

Bethanien, wo Lazarus und seine Schwestern Maria und Martha wohnen, ist nur etwa drei Kilometer von Jerusalem entfernt, eine knappe Stunde zu Fuß.

Am dritten Tage sagt Jesus: «*Lazarus, unser Freund, schläft; aber ich gehe hin, um ihn aufzuwecken*» (Joh 11,11). Myriam versteht sofort den Sinn dieser Worte; die Jünger aber werden ihn erst einige Tage später begreifen. Als Jesus im Hause des Lazarus erfährt, dass sein Leib schon vier Tage im Grabe liegt, weint er und begibt sich zu der Grotte, deren Zugang mit einem schweren runden Stein verschlossen ist. Am Ort des Grabes angekommen, beginnt Jesus zu beten: «*Vater, ich danke dir, dass du mich erhört hast. Ich wusste, dass du mich immer erhörst, aber wegen der Menge, die um mich herumsteht, habe ich es gesagt; denn sie sollen glauben, dass du mich erhört hast.*» Dann rief er mit lauter Stimme: «*Lazarus, komm heraus!*» (Joh 11,41-43).

Tränen der Freude und der Dankbarkeit fließen über Myriams Wangen. Lazarus ist ein sehr lieber Freund; er ist begütert und einer der Wohltäter Jesu.

Paradoxerweise ist es die Auferweckung des Lazarus, welche die Verurteilung Jesu durch den Sanhedrin noch beschleunigt: «*Wenn wir ihn gewähren lassen, werden alle an ihn glauben*» (Joh 11,48). Die Pharisäer befürchten, dass das Volk ihn schließlich noch zum König erklärt, was dann das Eingreifen der Römer und die Zerstörung Jerusalems nach sich ziehen könnte.

Dieses Argument ist der willkommene Vorwand zum Handeln. Da hat Kajaphas, der Hohepriester, plötzlich einen Gedanken: «*Es ist besser für euch, wenn ein einziger*

Mensch für das Volk stirbt, als wenn das ganze Volk zugrunde geht» (Joh 11,50).

Jetzt handelt es sich nur noch darum, auf die günstige Gelegenheit zu warten, um ihn festzunehmen und zu verurteilen.

Kapitel 31

Ein unsicherer Triumph
ohne Zukunft

Gerade jetzt wird der Entschluss der Mitglieder des Sanhedrins noch durch ein für sie unerträgliches Ereignis bestärkt, das sich kurze Zeit später ereignet. Das Paschafest steht vor der Tür.

Vor den Festtagen hat Jesus sich in eine ruhige kleine Stadt am Rande der Wüste zurückgezogen. Jetzt aber ist die Zeit gekommen, sich nach Jerusalem zu begeben. Eine große Menschenmenge befindet sich schon in der Stadt. Überall spricht man von dem Propheten aus Galiläa, von seinen nie gehörten Worten und erstaunlichen Wunderzeichen: «*Ob er wohl zum Feste kommt?*», fragen sie sich (Joh 11,56).

Auf dem Weg von Ephrem nach Jerusalem vermehrt Jesus seine Ansprachen, als ob die Zeit ihn dränge. Aber zunächst sagt er zum drittenmal sein Leiden und seine Auferstehung voraus: «*Wir gehen jetzt nach Jerusalem hinauf; dort wird der Menschensohn den Hohenpriestern und den Schriftgelehrten ausgeliefert; sie werden ihn zum Tod verurteilen und den Heiden übergeben; sie werden ihn verspotten, anspucken, geißeln und töten.*

Aber nach drei Tagen wird er auferstehen» (Mk 10,33.34).
Jesus spricht in der dritten Person; es ist die Gottheit, in
welcher er prophezeit. In der Erwartung der grauenhaf-
ten Begleitumstände, die der Hinrichtung des Herrn vor-
ausgehen, werden die Jünger von Furcht erfüllt und sind
ganz bestürzt.

Später macht Jesus einen Umweg über Jericho. Vor
der Stadt sitzt dort ein blinder Bettler. Sobald er hört,
dass die Volksmenge sich nähert, beginnt er zu rufen:
«Sohn Davids, erbarme dich meiner!» Man fährt ihn grob
an, er soll schweigen. Aber er ruft noch viel lauter: *«Sohn
Davids, erbarme dich meiner!»* Es folgt nun ein kurzes
Gespräch zwischen dem Herrn und dem Blinden, und
die Menge hört, wie er sagt: *«Du sollst sehend werden,
dein Glaube hat dir geholfen.»* Voll Freude folgt er Jesus
nach und verherrlicht Gott.

Als er durch die Stadt Jericho geht, ereignet sich eine
ergreifende Szene. Zachäus, von kleiner Statur, ist auf
einen Baum geklettert, um dort beim Vorbeigehen Jesus
zu erwarten. Viele Menschen stehen um ihn herum. Und
da – o Wunder – bleibt der Prophet stehen. Er schaut
hinauf und spricht ihn an, dort oben in dem Baum.
Zachäus traut seinen Ohren nicht: Jesus will bei ihm zu
Gast sein an diesem Tag! Zachäus ist doch der oberste
Zöllner von Jericho, also ein öffentlicher Sünder, der von
den Juden verabscheut wird.

Jesus achtet nicht auf den Beruf, sondern auf das
Herz des Menschen. Zachäus ist aber gut zu den Armen:
*«Heute ist diesem Haus das Heil geschenkt worden,
weil auch dieser Mann ein Sohn Abrahams ist. Denn der*

*Menschensohn ist gekommen, um zu suchen und zu
retten, was verloren ist»* (Lk 19,9.10).

Von Jericho aus wandern Jesus und seine Jünger auf
einem Weg, der von Anemonen, wilden Gladiolen und
Schwertlilien gesäumt ist. Weiter entfernt stehen Wei-
zen- und Gerstenfelder im frischen Grün des Frühlings.
Die Natur hat ihr Festgewand angelegt. Es ist das Fest
des wiedererstandenen Lebens. Aber diejenigen, die bei
Jesus sind, kämpfen mit den Tränen, denn sie denken an
die tragischen Ereignisse, die sie in Jerusalem erwarten...

In Bethanien angekommen, kehrt Jesus im Hause
des Lazarus ein. Er ist glücklich, dort seine Mutter anzutreffen; sie kommt ja oft, um Lazarus, Martha und Maria
zu besuchen. Sie findet Trost in ihrer Gesellschaft, besonders in diesen Tagen, wo der Tod bereits im Dunkeln
droht.

In einer Ecke, von einigen Tischgästen unterstützt,
erhebt Judas seine Stimme, um auf bissige Art die Ver-
schwendung Mariens zu kritisieren. Sie hatte ihn nämlich mit kostbarem Öl gesalbt. *«Hört auf»*, sagt da Jesus:
«Warum lasst ihr sie nicht in Ruhe?» Und nun fügt er
Worte hinzu, die aufs neue das Herz seiner Mutter zerreißen: *«Sie hat im voraus meinen Leib für mein Begräbnis gesalbt»* (Mk 14,8). Kaum hat Jesus das gesagt, als die
vor Eifer glühende Maria das Öl auch über seine Füße
gießt. Dann löst sie ihr langes Haar und trocknet damit
seine Füße, die seit drei Jahren Galiläa und Judäa durchwandert haben.

Nun kommt der sechste Tag vor dem Paschafest.
Von Bethanien aus schickt Jesus zwei Jünger nach Bethphage, von wo aus man bei der Ostseite des Ölbergs von

einer Hochebene aus eine herrliche Sicht auf die Heilige Stadt hat. Ihre Aufgabe: aus Bethphage einen Esel herbeizubringen, den Jesus ihnen beschrieben hat, als ob er ihn sehen würde. Der Esel ist das Sinnbild des Friedens, der Sanftmut und Bescheidenheit, während das Pferd das des harten und siegreichen Krieges und auch des Luxus ist. «*Siehe, dein König kommt zu dir, er ist demütig und reitet auf einem Esel*» (Sach 9,9). Jesus erinnert sich an die messianische Prophezeiung.

Alles strebt nun dem Höhepunkt zu. Auf einem Esel reitend verlässt Jesus Bethanien, kommt durch Bethphage und steigt in der Nähe des Ölbergs nach Jerusalem hinab, das von einer unabsehbaren Menschenmenge überfüllt ist. Sogleich verbreitet sich das Gerücht von seiner Ankunft. Die ganze Menschenmenge gerät in Bewegung gleich Wasserfluten, die eine Stadt überschwemmen: «Der Prophet kommt! Der Wunderheiler ist in Jerusalem! Jesus ist auf dem Weg, er reitet auf einem Esel!» Die Menge ist außer sich vor Begeisterung: «Es ist der Messias, der König der Herrlichkeit!», ruft man hier und dort, und der Ruf wird immer lauter.

Von weitem sieht man ihn schon, wie er den westlichen Abhang des Ölbergs hinabreitet. Er hält einen Augenblick inne und lässt seinen Blick über die Königsstadt schweifen. Da steht der Tempel im glänzenden Gold seiner Fassade. Ganz bewegt und durch die Schönheit dieses Anblicks bis ins Innerste seiner Seele erschüttert, denkt er daran, wie all diese Pracht sich bald in Ruinen verwandeln wird, weil dieses halsstarrige und schlecht geleitete Volk verblendet ist durch die Vorschriften eines kleinlichen und pedantischen Gesetzes, das nun durch ein höheres Gesetz und einen höheren Glauben, den der allumfassenden Liebe, hinfällig wird.

«Ach, Jerusalem», flüstert Jesus traurig, *«wenn doch auch du wenigstens an diesem Tag erkannt hättest, was dir Frieden bringt. Jetzt aber bleibt es vor deinen Augen verborgen.»* Und er sagte den Tag voraus, wo von all dieser Herrlichkeit kein Stein auf dem anderen bleiben werde, *«weil du die Zeit der Gnade nicht erkannt hast»* (Lk 19,44).

Und Jesus besteigt wieder sein Reittier und kommt zur Goldenen Pforte in der Nähe des Tempels. Je näher er kommt, um so größer wird die Begeisterung des Volkes. *«Es lebe der Messias!»*, rufen sie immer lauter.

Unter der Volksmenge befinden sich auch Pharisäer. Sie sagen unter sich: *«Ihr seht, dass ihr nichts ausrichtet; alle Welt läuft ihm nach»* (Joh 12,19).

Jesus durchforscht das Herz und die Nieren dieses Volkes. Im Geiste sieht er die Menschenmenge schon fünf Tage danach. Fünf kurze Tage. Heute jubeln sie ihm zu; in wenigen Tagen wird dieselbe Volksmenge ihren Hass herausschreien. Eine wahnsinnige Welt! Die Heilige Schrift sagt es sehr richtig, dass die Unverständigen wechselhaft sind wie der Mond (Sir 27,11). Im Gedanken daran sagt Jesus: *«Die Stunde ist gekommen, dass der Menschensohn verherrlicht wird. Amen, amen, ich sage euch: Wenn das Weizenkorn nicht in die Erde fällt und stirbt, bleibt es allein; wenn es aber stirbt, bringt es reiche Frucht»* (Joh 12,24).

Seine Mutter ist in der Nähe; sie hört ihm zu mit glühendem Eifer. Die Worte ihres Sohnes zerreißen ihr das Herz. Sie sieht schon, was geschehen wird.

Für den Augenblick jedoch werden die Hosanna-Rufe immer lauter, je näher Jesus kommt. Viele legen ihre Mäntel ab und breiten sie auf der Erde aus, um die Ehre zu haben, dass der siegreiche König darüber geschritten ist.

Plötzlich ertönt am blauen Himmel ein Dröhnen gleich einem Donnerschlag, und unverständlich bleibende Worte lassen sich vernehmen: *«Ich habe ihn schon verherrlicht und werde ihn wieder verherrlichen»* (Joh 12,28). Und Jesus sagt: *«Nicht mir galt diese Stimme, sondern euch.»* Und er fügt ein prophetisches Wort hinzu: *«Jetzt wird Gericht gehalten über diese Welt; jetzt wird der Herrscher dieser Welt hinausgeworfen werden. Und ich, wenn ich über die Erde erhöht bin, werde alle zu mir ziehen»* (Joh 12,30-32).

Wie ihr Sohn, so schöpft auch Myriam Mut aus dieser Prophezeiung inmitten ihrer Betrübnis, die auf diese Begeisterung des Volkes um sie herum folgen wird. *«Das Licht»*, fährt Jesus fort, *«ist nur noch kurze Zeit bei euch. Geht euren Weg, solange ihr das Licht habt, damit euch nicht die Finsternis überrascht... Seid Kinder des Lichtes!»* (Joh 12,35.36).

Vergebliche Mühe. Was sie wollen, ist ein Messias-König. Und was sie sehen, ist dieser ganz andere Messias.

Danach kehrt Jesus nach Bethanien zurück, gefolgt von seiner Mutter und seinen Jüngern, die glücklich und angstvoll sind zu gleicher Zeit.

Die letzte Karte des Judas

Am Abend dieses denkwürdigen Tages bittet Judas die Mutter Jesu um ein Gespräch unter vier Augen. Er hat ihr etwas Wichtiges mitzuteilen. Myriam sieht sofort, was da in dem verblendeten Geist des Apostels vor sich geht. Sie hört ihm aber zu: «Heute hast du mit deinen eigenen Augen sehen können, Mutter, was das Volk erwartet. Die Leute haben in Jesus den Messias erkannt. Was sie jetzt wollen, ist ein Messias-König. Es genügt, dass Jesus einverstanden ist, und niemand kann seinen Aufstieg hindern, weder die Pharisäer noch die Schriftgelehrten noch der Sanhedrin. Aus Angst werden sie sich übrigens hüten, Jesus anzugreifen.»

Myriam hört ihm zu und betet zum Vater im Himmel, Judas zu erleuchten, aber sie fürchtet, es könnte zu spät sein. Sie sucht ihn nur mit einigen Worten auf andere Gedanken zu bringen. Vergebens. Ärgerlich geht Judas fort. «Das ist nicht die Sendung meines Sohnes», hat sie ihm gesagt. Er entfernt sich und brummt vor sich hin: «Wenn er kein König sein will, dann soll er halt zugrunde gehen!» Und schon fasst er einem anderen Plan... Er wird seine letzte Karte ausspielen. Eine unheilvolle Karte.

Kapitel 32

Die drei Tage vor der Passion

An den Tagen, die auf diesen triumphalen Einzug folgen, wo die Menge in Jerusalem «Hosanna» rief – es war ein so grausam unbeständiger Triumph –, setzt Jesus unbeirrt seine Sendung fort. Man sieht ihn im Vorhof der Frauen, wie er die Leute beobachtet, die ihre Gaben in einen der dreizehn dort aufgestellten Opferkästen legen. Reiche Leute spenden gut sichtbar bedeutende Summen, aber da kommt eine alte Witwe in einem geflickten Gewand. Sie wirft ihr Scherflein hinein; eine Geste, auf die Jesus die Jünger aufmerksam macht: «*Wahrhaftig, ich sage euch: Diese arme Witwe hat mehr hineingeworfen als alle anderen. Denn sie alle haben nur etwas von ihrem Überfluss geopfert; diese Frau aber, die kaum das Nötigste zum Leben hat, sie hat ihren ganzen Lebensunterhalt hergegeben*» (Lk 21,1-4).

Die Mutter Jesu befindet sich mitten unter der Menge, die ihren Sohn umgibt. Sie weiß, dass die Tragödie bevorsteht. Sie will sich auch nicht einen Augenblick dieser letzten Tage entgehen lassen, die ihm noch zu leben bleiben. Sie beobachtet die Horde der Feinde Jesu, die ihn Schritt für Schritt verfolgen. Sie lauern auf den Augenblick, wo sie ihn ergreifen können. Pharisäer und Sadduzäer, die sich sonst hassen, haben sich versöhnt mit dem Ziel, diesen Aufrührer umzubringen. Ebenso ist es bei den Anhängern des Herodes, die von allen als Volksverräter gehasst werden. Diese ganze Rotte hat sich jetzt zusammengefunden, um das gleiche Ziel zu verfolgen. Ihre Absichten sind ebenso viele Schwertstöße in Myriams Herz. Was sie am meisten schmerzt, ist die Falschheit ihrer Worte, wenn sie sich an Jesus wenden, um ihm eine Falle zu stellen: *«Meister, wir wissen, dass du immer die Wahrheit sagst und dass du die Wege Gottes lehrst, ohne dich von irgend jemand beeinflussen zu lassen, denn du verlangst nicht danach, angesehen zu sein. Sage uns deine Ansicht: Ist es erlaubt, dem Kaiser Steuern zu zahlen oder nicht?»*

Wieder einmal bringt Jesus seine Gegner zum Schweigen; diese können nicht anders als die Klugheit des Aufrührers zu bewundern. Jetzt stellen die Pharisäer ihm die Frage nach dem größten der Gebote. Jesus antwortet ihnen, indem er auf das Wesentliche seiner Botschaft hinweist: die Gottesliebe. *«Ebenso wichtig ist das zweite: Du sollst deinen Nächsten lieben wie dich selbst. An diesen beiden Geboten hängt das ganze Gesetz samt den Propheten»* (Mt 22,37-40).

In diesen entscheidenden Augenblicken verkündet Jesus immer wieder das, was das Wesentliche der Frohen Botschaft ist: die Liebe, nichts anderes als die Liebe! Soeben hat er seinen uneinsichtigen Feinden gesagt: *«Ihr irrt euch; ihr kennt weder die Schrift noch die Macht Gottes»* (Mt 22,29). So verurteilt er - unausgesprochen - ihre Idolatrie eines Gesetzes, das ein menschliches Werk ist. Sadduzäer und Pharisäer fühlen sich in aller Öffentlichkeit gedemütigt. Ihr Entschluss, diesen Übertreter des geheiligten Gesetzes des Mose umzubringen, hat seinen Höhepunkt erreicht.

Als der Abend naht, verlässt Jesus den Tempel, gefolgt von seinen Jüngern, bei ihnen auch seine Mutter. Sie kommen an den riesigen Stützmauern vorbei, die Herodes aufrichten ließ, um den Tempelvorplatz zu vergrößern. Sie lenken ihre Schritte zum Kidrontal. Einer der Jünger begeistert sich beim Anblick der Steine und Mauern des Tempels und seiner Pracht. Jesus ergreift die Gelegenheit, um die Katastrophe vorherzusagen, die über Jerusalem und seinen Tempel hereinbrechen wird: *«Seht ihr das alles? Amen, das sage ich euch: Kein Stein wird hier auf dem anderen bleiben; alles wird niedergerissen werden»* (Mt 14,1.2).

Und so ist es auch jetzt noch, zweitausend Jahre danach... Vierzig Jahre nach dieser Prophezeiung Jesu belagerte die römische Armee mit sechzigtausend Mann am Anfang des Monats Nisan im Jahre siebzig die Heilige Stadt und zerstörte sie, den Tempel zuerst. Die Bevölkerung wurde hingemetzelt. Diejenigen, die aus dieser Hölle zu entfliehen suchten, wurden gefangen, den Frauen schlug man die Hände ab, und die Männer wurden gekreuzigt. Das Leiden Jerusalems dauerte drei Monate. Die Sikarier, die Nubier und die Beduinen der Legionen machten sich ein Vergnügen daraus, die Frauen zu schänden, die Männer zu massakrieren und alles Wertvolle an sich zu reißen...

Armes Jerusalem, das sich geweigert hatte, den Vorübergang des Retters zu erkennen! *«Diese Generation wird nicht vergehen, bis alles eintrifft. Himmel und Erde werden vergehen, aber meine Worte werden nicht verge-hen»* (Lk 21,33), hatte Jesus vorhergesagt. Vergeblich. Er redete zu Menschen, deren Geist stumpf geworden war, denn sie sahen nur ihre eigene Interpretation des Gesetzes. «Halsstarrigkeit» muss teuer bezahlt werden. Und das ist auch heute noch so.

An diesem Tag spricht Jesus mit blutendem Herzen noch von einer anderen Zerstörung, der beim Ende der Welt. *«Wann wird das geschehen?»* fragen ihn die Jünger. Er antwortet, dass nur der Vater es weiß. Zur selben Zeit wird die Wiederkunft Christi in Herrlichkeit sein.

Er beendet diesen Tag der Voraussagen von Katastro-phen, indem er zu seinen Getreuen sagt: «Ihr wisst, dass in zwei Tagen das Paschafest beginnt; da wird der Menschen-sohn ausgeliefert und gekreuzigt werden» (Mt 26,1.2).

Wie grausam wurde Myriams Herz an diesem Tage durchbohrt; es war der dunkelste von allen, die sie bis dahin durchlebt hat! Und das war erst der Beginn...

Am nächsten Tag gewährt Jesus sich ein Ausruhen. Er ist mit seinen Aposteln in Bethanien, diesem fried-lichen Zufluchtsort, bei seinen Freunden Lazarus, Maria und Martha. Seine Mutter ist auch da, diskret wie stets.

Unterdessen tagt der Sanhedrin. Das Thema der De-batte: Wie kann man sich dieses «Verderbers Israels» bemächtigen? Man hat schon lange genug gewartet!

Jesus zieht sich einen Augenblick mit seiner Mutter zurück. Er sieht sie aufs Äußerste bekümmert, und auch er selbst ist zu Tode betrübt. Er tröstet sie: «Du weißt doch, warum du mich zur Welt gebracht hast, dem Willen meines himmlischen Vaters gehorsam: um die Menschen zu retten. Das ist meine Sendung. Ihr Heil geschieht durch meinen Tod. Mein Blut wird sie von aller Sünde reinigen, wenn sie mir folgen. Um sie zum ewigen Leben zu führen, werde ich erhöht werden von der Erde. Du wirst bei mir sein, vielgeliebtes Mütterchen, am Fuß des Kreuzes. Vor deinen Augen werde ich sterben und vor denen des Johannes, des Apostels, der in meinem Herzen liest. Er wird dich trösten. Statt an die Tränen zu denken, die dein Herz zerreißen werden, denke lieber an die Freude, die drei Tage danach aufbrechen wird. Die Auferstehung wird mich für immer deiner mütterlichen Zärtlichkeit zurückgeben.»

Diese tröstenden Worte bewegen die Mutter Jesu bis ins Innerste ihres Leibes, der ihn getragen hat. Wenn die Worte auch nicht den brennenden Schmerz hinwegnehmen, der sie ganz durchwühlt, so erreichen sie doch wenigstens, dass sie immer wieder den Blick auf das lenken, was jenseits der grausamen Prüfungen liegt, die auf sie warten.

Das Letzte Abendmahl

Am nächsten Tag begibt sich Jesus nach Jerusalem. Ein Gang in den Tod. Vorher jedoch wird er das Brot des Lebens einsetzen. Für alle Zeit.

Er hat Petrus und Johannes zu einem der Jünger geschickt, um in dessen Hause den Saal in der ersten Etage reservieren zu lassen, wo sie das Osterlamm essen werden. Dieses wird auf einen großen Ast vom Granatapfelbaum aufgespießt und am Feuer gebraten: *«Bei dir werde ich das Paschafest begehen»*, hat der Herr ihm sagen lassen. Das Haus dieses Jüngers befindet sich in der Oberstadt, nahe der Südwestecke der Bollwerke. Der große Saal, das Zönakulum, wird «die erste und die Mutter aller Kirchen» sein.

Als Jesus dort ankommt, ist seine Mutter schon da. Sie befindet sich mit einigen Frauen in einem benachbarten Raum. Der Hausherr hat sie mit größter Freude und ehrfurchtsvoller Vertrautheit empfangen. Myriam trägt ein dunkelblaues Gewand und einen weißen Schleier auf dem Haupt. Sie sieht sehr traurig aus und scheint gealtert zu sein. Dennoch lächelt sie mit einem Ausdruck unsagbarer Sanftmut. Sie ist sehr blass. Ihre Augen zeugen von vielen Tränen, die sie in diesen letzten Tagen geweint hat.

Jesus kommt: «Der Friede sei mit diesem Haus!», sagt er, indem er den Hausherrn, einen seiner treuen Jünger, liebevoll begrüßt. Jesus begegnet seiner Mutter in dem kleinen Raum; die anderen Frauen lassen sie dort allein. Er küsst sie auf die Stirn und dann auf ihre rechte Wange. Myriam ihrerseits küsst die Hand ihres Sohnes und dann seine rechte Wange: «Ich bin gekommen, mein liebes Mütterchen, um dich noch einmal zu trösten, und damit du in diesen qualvollen Stunden Kraft und Hilfe empfängst. Und ich selbst suche bei dir den Mut, den ich jetzt brauche.» Als er diese Worte sagt, lehnt er sein Haupt an das Herz seiner Mutter, wie er es tat, als er noch klein gewesen war. Es ist, als ob er in diesen dramatischen Augenblicken die glücklichen Kindheitserinnerungen aus Ägypten und Galiläa wiederfinden wollte. Heiße und lautlose Tränen fließen über die Wangen der Schmerzensmutter. «Für diese Stunde bin ich gekommen, liebes

Mütterchen. Meine Traurigkeit ist mit Freude vermischt. Mach es ebenso.» Es ist die entscheidende Stunde für die Menschheit. «Mein Sohn, mein Jesus!», seufzt die Mutter.

Die überwältigende Geste christlichen Dienens

Der Herr geht nun zu den Aposteln in den großen Saal. Alle setzen sich um den großen rechteckigen Tisch herum. Jesus in der Mitte, neben ihm Johannes und Petrus. Am Tischende sitzt Judas mit finsterer Miene, er scheint einen unheilvollen Anschlag zu überdenken.

Während der Mahlzeit erhebt sich Jesus, legt seinen Überwurf ab und gürtet sich mit einem Tuch. Zum Erstaunen aller beginnt er, den Aposteln die Füße zu waschen und trocknet sie mit dem Tuch, mit dem er umgürtet ist. Petrus protestiert. Wieder einmal macht er es anders als die anderen. Er sträubt sich dagegen, sich von Jesus die Füße waschen zu lassen. *«Wenn ich dich nicht wasche, hast du keinen Anteil an mir.»* - *«Herr, dann nicht nur meine Füße, sondern auch die Hände und das Haupt»* (Joh 13,8.9). Der erstaunliche und unberechenbare Petrus! Erst später wird er den Sinn der Fußwaschung beim Abendmahl des Herrn begreifen.

Diese letzte Mahlzeit mit den Aposteln nimmt ihren Fortgang. Ein ungewöhnlicher Ernst herrscht im Saal. Jeder hat das unbestimmte Gefühl, dass die Ereignisse sich nun überstürzen werden. Am Ende des Tisches sitzt Judas, sein Gesichtsausdruck wird immer finsterer, beunruhigend.

Alle haben das ungesäuerte Brot in die rote Soße, die *Horaseth,* getaucht, die beiden ersten Becher getrunken und dazwischen ein paar Tropfen Salzwasser zu sich genommen, zur Erinnerung an die in Ägypten vergossenen Tränen während der Zeit der Sklaverei. Man hat bereits den Psalm 94 rezitiert, der den Auszug aus Ägypten beschreibt. Jetzt wird das Lamm aufgetragen, zusammen mit Bitterkräutern von intensivem Geschmack. Es folgen nun die beiden anderen Becher. Beim letzten wird das Hallel angestimmt, das die unendliche Barmherzigkeit und Treue des Ewigen besingt. Johannes beobachtet das Antlitz Jesu und bemerkt, wie gesammelt und sanft sein Ausdruck ist. Er weiß, dass der Herr im Geiste bei seinem Vater im Himmel weilt.

«Ich habe mich sehr danach gesehnt, vor meinem Leiden dieses Paschamahl mit euch zu essen», sagt Jesus liebevoll (Lk 22,14).

Dann verkündet er ein Wort, das die Apostel in größte Bestürzung versetzt: *«Der das Brot mit mir isst, hat gegen mich die Ferse erhoben»* (Joh 13,18). Sie verstehen es nicht recht. Da sagt Jesus ganz klar: *«Einer von euch wird mich verraten!»* (Mt 26,20).

«Herr, wer ist es?», fragt Johannes, indem er sein Haupt an die Brust des Herrn lehnt. *«Der ist es, dem ich den Bissen Brot, den ich eintauche, geben werde»* (Joh 13,23). Und Jesus reicht dem Judas ein Stück Brot. Als Judas den Bissen Brot genommen hatte, fuhr der Satan in ihn. *«Was du tun willst, das tue bald»*, fügt Jesus hinzu. Judas geht schnell hinaus. Es ist Nacht (Joh 13,27-30). Er weiß, wo Jesus gewöhnlich die Nacht verbringt. Er begibt sich eilig zu den Priestern und den Ältesten, um ihnen den Ort zu verraten...

Nun ist das Mahl des Herrn fast zu Ende gegangen. Plötzlich sehen die Apostel, wie Jesus aufsteht, wie er Brot nimmt und es segnet. Er bricht es und reicht es seinen Jüngern. Dann nimmt er einen Becher Wein und tut das gleiche und stiftet damit den unvergleichlichen Schatz, von dem seine Jünger das Leben schöpfen werden bis ans Ende der Zeit. *«Das ist mein Leib, der für euch hingegeben wird... Das ist mein Blut, das für euch vergossen wird»* (Mt 26,26-28; Mk 14,22-24; Lk 12,19.20; 1 Kor 11).

Die erhabenste Botschaft des in Jesus lebenden Gottes, sie ist nun in das «Brot des Lebens» verwandelt. Schweigen und Anbetung eines jeden Jüngers, überall in der Welt. Von nun an und für immer werden die Jünger sich von diesem Sakramente nähren, «fühlbare Spiritualität und vergeistigte Natur». Bis Jesus wiederkommt. Die Eucharistie, der Höhepunkt des christlichen Lebens! Gott allein konnte dieses höchste und bis in die Ewigkeit reichende Geschenk sich ausdenken.

Das Abendmahl des Herrn wird vollendet mit einem Wort von ergreifender Zärtlichkeit. Jesus spricht am Schluss, die Arme in Kreuzesform ausgebreitet, mit leuchtendem Angesicht dieses erhabene Gebet zu seinem Vater: *«Vater, die Stunde ist gekommen»* (Joh 17,1-27).

Kapitel 33

Von Gethsemani
bis zur Verurteilung

Während Jesus seinen Leib und sein Blut unter den Erscheinungsformen von Brot und Wein austeilt, empfängt Myriam, seine heiligste Mutter, im Zimmer nebenan die heilige Kommunion aus den Händen des Erzengels Gabriel, den ihr Sohn ihr gesandt hat. Der Leib und das Blut Jesu, im Schosse Mariens herangebildet, kehren dorthin zurück.

Nachdem Jesus dieses höchste Wunder der Liebe eingesetzt und vollendet hat, das bis zum Ende der Welt erneuert werden wird, verlässt er das Haus des Abendmahlssaales, das an der höchsten Stelle von Jerusalem liegt. Er wirft einen letzten Blick auf die Heilige Stadt, die durch den Mond des Monats Nisan erleuchtet ist. Er erkennt dort die drei Orte, an denen sein bevorstehender Prozess stattfinden wird: den Palast der Hohenpriester ganz in der Nähe und links den des Herodes; weiter entfernt, geradeaus die Burg Antonia, ein massiver, drohend sich erhebender Bau. Von seinen Aposteln begleitet, begibt Jesus sich in den Garten von Gethsemani - den Garten der «Ölpresse»; dort stehen jahrhundertealte

Oliven. «*Bleibt hier*», sagt Jesus zu ihnen, «*und betet, um nicht in Versuchung zu fallen.*» Er nimmt mit sich Petrus, Jakobus und Johannes. Entsetzen, Traurigkeit und dann die Angst erfüllen sein Herz. «*Meine Seele ist betrübt bis zum Tod; bleibt hier und wachet mit mir!*» Bis ins Innerste ergriffen, vergießen die drei Apostel schmerzvolle Tränen.

Erschütternde, tragische Stunden in der kalten Nacht. Das Schweigen wird vom Rauschen der Wasser des Kidron unterbrochen. Unter den Türmen der Burg Antonia ertönt von Zeit zu Zeit der Ruf der römischen Wachtposten. Jesus ist allein, hoffnungslos allein, zwanzig Schritte von den drei Aposteln entfernt. Von Müdigkeit überwältigt, sind sie eingeschlafen. Abseits von ihnen beginnt die Agonie. Der Schweiß, der von seiner göttlichen Stirne tropft, ist mit Blutstropfen vermischt. Jesus sieht im Geiste die einzelnen Phasen seines Prozesses, seine Verurteilung zum Tod, die Qual des Kreuzweges und der Kreuzigung... Alles wird in den nächsten vierundzwanzig Stunden geschehen, um auf grausame Weise seinem jungen, kräftigen Körper das Leben zu entreißen. Es ist die äußerste Todesangst, die seine Stirn von Blut gerötet werden lässt und die menschliche Natur in ihm zu Boden wirft, nun, da er sich im Vorzimmer des Todes befindet.

Myriam ist im Abendmahlssaal geblieben, sie sieht im Geiste die Agonie ihres Sohnes. Sie hat darum gebeten, allein zu sein, um in ihrem Schmerz weinen und seufzen zu können. In diesen Stunden der Finsternis haben sich die Pforten der himmlischen Zärtlichkeit geschlossen. Um die Menschen zu retten, muss die Qual bis zu ihrem Ende ausgestanden werden. Das unendlich zartfühlende Herz der Mutter Jesu ist nichts anderes mehr als eine einzige offene Wunde, im Gedanken an die unerträgliche Reihenfolge der Ereignisse, die in Gethsemani begonnen haben. Auch sie tritt ein in die Agonie.

Der Kuss des Judas

Judas hat die dreißig Silberstücke eingesteckt, den Lohn für seinen Verrat. Die Priester haben ihm eine Eskorte von Soldaten und Tempeldienern mitgegeben; sie tragen Laternen und Fackeln. Viele Leute folgen ihnen, sie sind erpicht darauf, bei der Festnahme Jesu, des Wunderheilers, dabei zu sein. Er wird ohne Zweifel ein Wunder wirken, um den Soldaten zu entkommen. «Macht schnell», haben ihnen die Priester gesagt, «ihr müsst euren Auftrag erfüllt haben, ehe das Paschafest offiziell eingeläutet wird. Die Zeit drängt.»

Im Garten von Gethsemani angekommen, vollbringt Judas nun die verabscheuenswürdigste Geste der ganzen Menschheitsgeschichte: Er gibt Jesus einen Kuss. Das ist das verabredete Zeichen für die Soldaten. *«Was tust du da, Judas? Mit einem Kusse verrätst du den Menschensohn»*, sagt Jesus zu ihm in herzzerreißendem Ton (Mt 26,50).

Seine Göttlichkeit bekundet sich machtvoll, als nun die Truppe zu Boden stürzt. Und auch barmherzig, als er das Ohr eines Dieners des Hohenpriesters heilt, das Petrus ihm abgeschlagen hat. Und Jesus fordert ihn auf, das Schwert wieder in die Scheide zu stecken.

Man bringt Jesus zu Hannas, dem früheren Hohenpriester, der von den Juden respektiert wird wegen seiner

Geschicklichkeit, mit den Römern zu verhandeln. Jesus schweigt vor diesem ehrgeizigen alten Mann. Dieser schickt ihn nun zu Kajaphas, dem Hohenpriester, der im Amt ist. Dieser ist es, der nun den sowohl religiösen wie auch politischen Prozess gegen Jesus in die Wege leitet.

Kajaphas befragt Jesus über seine Lehre und seine Jünger. Es gibt da nichts Verborgenes: *«Ich habe öffentlich in der Synagoge und im Tempel gelehrt. Warum befragst du mich?»* Da schlägt ihn ein Diener ins Gesicht, weil er diese Antwort ungehörig findet. Das Verhör nimmt seinen Fortgang. Schließlich kommt die entscheidende Frage: *«Bist du Christus, der Sohn des* Allerhöchsten? *Sage es uns. Ich beschwöre dich beim lebendigen Gott.»* Die Antwort Jesu: *«Du hast es gesagt. Ich bin es.»* Eine Antwort, die den Tod verdient. Der Hohepriester zerreißt sein Gewand angesichts dieser «Blasphemie», die eine Beleidigung Gottes ist.

Während dieses Verhörs geschieht es, dass Petrus den Herrn dreimal verleugnet, wie Jesus es ihm vorhergesagt hat. Und der Hahn kräht zum zweitenmal. Es ist halb drei Uhr in der Nacht.

Kajaphas übergibt Jesus wieder den Tempelwächtern. Jetzt beginnt eine widerwärtige Szene: Man bespuckt ihn, man schlägt ihn erbarmungslos ins Gesicht. Schändlicher und grausamer Hass bricht hervor. Jesus schweigt. Seine Agonie geht weiter in anderer Form, die ganze Nacht hindurch.

Johannes bei Myriam

Johannes ist bei der Festnahme Jesu dabei gewesen. Weinend ist er der Eskorte der Soldaten gefolgt, dann hat er im Hof des Hohenpriesters das Verhör durch Kajaphas verfolgt. Sobald Jesus von den Wächtern fortgeführt worden war, hatte Johannes nichts Eiligeres zu tun, als sich zur Mutter des Herrn zu begeben, um ihr die Ereignisse zu berichten. Besonders aber, um ihr den Trost seiner Gegenwart in diesen dramatischen Stunden zu geben. Er ist fest entschlossen, sie nicht mehr zu verlassen. Er fühlt es, dass er von nun an Jesus bei seiner vielgeliebten Mutter zu ersetzen hat. Johannes empfindet ihr gegenüber die Zärtlichkeit eines Sohnes von dem Tage an, da er sie kennengelernt hat.

Während er ihr die Agonie Jesu im Garten von Gethsemani, seine Festnahme und sein Verhör bei Kajaphas berichtet, kann die Schmerzensmutter ihr Weinen nicht unterdrücken. Auch das Herz des Johannes ist vor Schmerz zerrissen, denn es ist schon so grausam verwundet worden durch die entsetzlichen Szenen, die er miterlebt hat.

Der Apostel verlässt die Mutter Jesu bei der Morgendämmerung, damit sie ein wenig ruhen kann.

Zur selben Stunde, in der Kühle der Morgenfrühe, wird Jesus zum Tempel geführt, um dort vor dem Sanhedrin zu erscheinen. Das ist eine Versammlung, die wie ein Ältestenrat funktioniert. Unter dem Vorsitz des Hohenpriesters ist dieser Ältestenrat sowohl Regierung als auch oberster Gerichtshof und theologische Institution.

Jesus ist nun vor den siebzig Weisen von Israel erschienen.

Hiermit beginnt der eigentliche Prozess Jesu. Für den Sanhedrin ist die Sache von vornherein klar. Es handelt sich darum, über einen aufrührerischen und gotteslästerlichen falschen Propheten zu urteilen.

Als Jesus in die *Liscat Haggazith* – den Saal mit den polierten Steinen – hineingeführt wird, erscheint er zu einer eilig anberaumten Verhandlung, denn der Sanhedrin hat schon vorher beschlossen, ihn zum Tode zu verurteilen. *«Wenn du der Messias bist, dann sag es uns!»* Er antwortet ihnen: *«Auch wenn ich es euch sage – ihr glaubt mir ja doch nicht; und wenn ich euch etwas frage, antwortet ihr nicht. Von nun an wird der Menschensohn zur Rechten des allmächtigen Gottes sitzen.»* – *«Du bist also der Sohn Gottes?»* – *«Ich bin es.»* Da sagen sie: *«Was brauchen wir noch Zeugenaussagen? Wir haben es selbst aus seinem eigenen Mund gehört»* (Lk 22,66-71).

Jesus weiß, dass er damit sein eigenes Todesurteil ausgesprochen hat. Er kann nichts anderes sagen als die Wahrheit. Er IST die Wahrheit!

Da die jüdische Rechtsprechung, wenn es um ein Todesurteil geht, von der Genehmigung der römischen Besatzungsmacht abhängig ist, wird Jesus vor den römischen Landpfleger geführt. Pilatus beginnt nun seinerseits, Jesus zu befragen, und zwar im Hof der Burg Antonia und nicht im Prätorium, da die Juden sich weigern, dort einzutreten, um sich nicht zu verunreinigen, bevor sie das Paschalamm essen. Das Verhör ist von einer gewissen Sympathie seitens des Römers geprägt. Es wird beendet mit einem Satz voll von Skepsis: *«Was ist Wahrheit?»*

Pilatus geht nun wieder zu den Juden hinaus und sagt zu ihnen: «*Ich finde keinen Grund, ihn zu verurteilen*» (Joh 18,38). Er versucht vergebens, ihn frei zu bekommen. Um seine entfesselten Ankläger zufrieden zu stellen, lässt er Jesus geißeln. Die Soldaten setzen ihm eine Dornenkrone auf das Haupt. «*Ecce homo!*» - Seht, da ist der Mensch -, sagt ihnen der Landpfleger voll Mitleid angesichts des Anblicks dieses Unschuldigen, dessen Antlitz von Blut gerötet ist.

Die Juden aber, die ihren fanatischen und hasserfüllten Plan zu Ende führen wollen, erreichen nun den Höhepunkt der Bosheit: «*Wenn du ihn freilässt, bist du kein Freund des Kaisers; jeder, der sich als König ausgibt, lehnt sich gegen den Kaiser auf!*» (Joh 19,12). Und das Geschrei der Menge wird lauter und lauter. «*Weg mit ihm, kreuzige ihn!*» *Da lieferte Pilatus ihnen Jesus aus, damit er gekreuzigt würde* (Joh 19,15.16).

Als Judas erfuhr, dass Jesus zum Tode verurteilt worden war, reute ihn seine Tat. Er brachte den Hohenpriestern und den Ältesten die dreißig Silberstücke zurück und sagte: «*Ich habe gesündigt, ich habe euch einen unschuldigen Menschen ausgeliefert*» (Mt 27,4). Der Unglückliche erhängt sich. In seiner Verblendung hat er in der Schule Jesu nicht die Möglichkeit der Verzeihung erkannt, die von der unendlichen Barmherzigkeit Gottes erfleht werden kann, wie groß auch immer das begangene Verbrechen ist.

Kapitel 34

Durch die «Via dolorosa» nach Golgotha

Johannes berichtet der Mutter Jesu alles, was sich ereignet, und sie durchlebt diese Stunden mit einer Intensität, die sie niemals zuvor gekannt hat. Sie spürt in ihrem eigenen Fleisch die Geißelhiebe und die Dornen, die seine Stirn durchdringen. Das Todesurteil lässt sie in Agonie eintreten. Ihr Schmerz wird noch dadurch vermehrt, dass Israel das göttliche Geschenk des Messias abgelehnt hat, und sie erinnert sich an die Worte des Jesaja: «*Israel, wenn auch dein Volk so zahlreich ist wie der Sand am Meer, nur ein Rest von ihnen kehrt um. Die Vernichtung ist beschlossen, die Gerechtigkeit flutet heran. Ja, Gott der Herr der Heere vollstreckt auf der ganzen Erde die Vernichtung, die er beschlossen hat*» (Jes 10,22.23).

Als an diesem Freitag gegen Ende des Vormittags Johannes ihr weinend die Nachricht bringt: «Mutter, Jesus wird sich jeden Augenblick auf den Weg nach Golgotha begeben, beladen mit seinem Kreuz», da ist Myriam entschlossen, den Weg aller Schmerzen mit ihm zu gehen. Sie wird ihm bis nach Golgotha folgen; sie wird bei der entsetzlichen Kreuzigung zugegen sein und bis zu seinem Tode wird sie in der Nähe ihres Sohnes bleiben. Johannes versucht, sie davon abzubringen, denn er fürchtet, dass sie auf dem Weg zusammenbricht. Vergeblich.

Der Gang zum Tod

Das Gefolge macht sich auf den Weg. Der Zenturio, der Exactor mortis, schreitet voran. Er ist verantwortlich für die Ausführung des Todesurteils. Soldaten in Panzerhemden gehen neben dem Verurteilten her. Eine von widerwärtiger Neugier und krankhaften Gefühlen getriebene Menge folgt ihnen; sie sind wie zu einem Schauspiel gekommen.

Da der Verurteilte unter dem Gewicht des Kreuzes sichtbar immer schwächer wird, requiriert der Zenturio einen Mann, Simon aus Zyrene, der vom Felde kommt, und lädt ihm das Kreuz auf. Er geht hinter Jesus her. Später wird er zu den Jüngern gehören, wie auch seine beiden Söhne Alexander und Rufus. Ohne es zu wissen, veranschaulicht Simon buchstäblich das Wort Christi: *«Wer mein Jünger sein will, der verleugne sich selbst, er nehme sein Kreuz auf sich und folge mir nach»* (Mt 16,24). Als Jesus diese Worte ausgesprochen hatte, in der Nähe von Cäsarea Philippi, hat Petrus protestiert...

Auf dem ganzen Weg ist eine dichte Menschenmenge versammelt, wie es die Enge der schmalen Gassen eben erlaubt. Nun kommt der Verurteilte an einer Gruppe von Frauen vorbei, sie weinen vor Leid. Es sind Jüngerinnen: *«Ihr Frauen von Jerusalem, weint nicht über mich; weint über euch und eure Kinder! Denn es kommen Tage...»* (Lk 23,28). Und Jesus sagt die Zerstörung der Heiligen Stadt voraus, weil sie es nicht verstanden hat, den Messias in sich aufzunehmen.

Plötzlich entflieht dem Munde Jesu ein Wort, ein einziges: «Mutter!» In diesem Schrei beim Anblick seiner in Tränen aufgelösten Mutter drückt sich das ganze unermessliche Leid seines gequälten Leibes und all der Schmerz seiner Seele aus, angesichts dieser äußersten Einsamkeit beim Herannahen des Todes. Dieser Schrei stößt ein weiteres Schwert in Myriams Herz. Sie greift mit der Hand an ihr Herz, als wolle sie es daran hindern zu brechen. Sogar unter den Soldaten zeigt sich eine Regung des Mitleids. Da die Mutter keinen Kuss auf das zerschlagene Antlitz ihres Sohnes drücken kann, presst sie ihn zärtlich an ihr Herz. Ach! Leider nur im Geist. Jesus aber schöpft daraus einen großen Trost.

Dann lassen Myriam und Johannes das Gefolge vorüberziehen, sie selbst gehen ganz am Schluss. Die Beschimpfungen des Pöbels, die sie beim Vorübergehen hören, lassen den Schmerz noch größer werden.

Bittere Tränen fließen ununterbrochen aus den Augen der Mutter Jesu. Dennoch schreitet sie vorwärts, aufrecht und würdevoll wie eine Königin. Sie fleht den Vater im Himmel an, den Henkern ihres Sohnes zu verzeihen. Jetzt lösen sich einige hasserfüllte Menschen niedrigster Gesinnung einen Augenblick aus der Menge, um dem Verurteilten ins Gesicht spucken zu können. Auf dem weiteren Wege aber trocknet eine Jüngerin liebevoll das Antlitz Jesu mit einem Tuch.

Als man oben auf dem Hügel angekommen ist, der die Form eines kahlen Schädels hat und am Fuß der Höhe von Gareb gelegen ist, liest der Zenturio laut das Todesurteil des Landpflegers; dann werfen die Soldaten Jesus rücksichtslos auf die Erde und begeben sich daran, seine Hände auf die Querbalken anzunageln; dann hissen sie mit einem Strick den Verurteilten auf den vertikalen Balken, der am Ort der Kreuzigung stehen geblieben ist. Das geschieht unter den Augen seiner Mutter, die im Innersten ihrer Seele die gleichen Qualen erleidet wie er. Johannes erduldet ein ähnliches Leiden, als er den Hammer hört, mit dem die Nägel eingeschlagen werden.

Die Mutter und der Apostel sehen, wie Jesus vom Starrkrampf befallen wird, als er versucht, sich auf seine Füße zu stützen, um atmen zu können. Zu seiner Rechten und Linken tun die beiden zum Tode Verurteilten das gleiche. Die Vorübergehenden beschimpfen den göttlichen Gekreuzigten. Besonders die Priester des Sanhedrin verfolgen mit ihrem Hass den «Gotteslästerer» bis zu seinem Tod. Diese ihre Bosheit fügt noch weitere Qualen zu den schon erlittenen hinzu.

Da klagt Jesus, durstig zu sein; denn sein Leib ist fast ausgeblutet, und seine Zunge klebt am Gaumen. Auch nach Seelen dürstet er, dies ist ja die Ursache seines Todes am Kreuz. Ein Soldat reicht ihm einen Schwamm, den er in die *Poca* getaucht hat, eine Mischung aus Wasser und Essig.

Dann kommen die letzten Worte des Gekreuzigten. Worte göttlicher Liebe: ein Wort der Verzeihung für die Henker und die Verheißung des Paradieses für den guten Schächer, der zuvor seine Missetaten bereut hat.

Worte höchster Liebe, die an seine Mutter und an seinen Jünger gerichtet sind, und durch diese an alle gegenwärtigen und zukünftigen Jünger: *«Frau, siehe, dein Sohn.»* - *«Siehe, deine Mutter.»*

Als Johannes diese Worte hört, die Balsam sind für sein gequältes Herz, nimmt er liebevoll die Hände der Mutter Jesu in die seinigen und liebkost sie lange Zeit. Auch für die Mutter lindern diese Worte ein wenig ihren unermesslichen Schmerz. Von diesem Augenblick an nimmt Johannes diese Schmerzensmutter zu sich. Jeder Jünger und jede Jüngerin sind damit eingeladen, sie ebenso zu sich zu nehmen...

Nun folgt das letzte, an seinen Vater im Himmel gerichtete Wort: *«Eli, Eli, lema sabachtani?»*, das heißt: *«Mein Gott, mein Gott, warum hast du mich verlassen?»* (Mt 27,46).

Damit drückt Jesus keineswegs eine Hoffnungslosigkeit aus. Er, der große Betende, rezitiert den messianischen Psalm 22, dessen ersten Vers er mit lauter Stimme spricht, und zwar auf aramäisch, der Sprache, die er auf den Knien seiner Mutter gelernt hat. Dieser Psalm endet mit einem Preisgesang auf das Leben. Genau in diesem Augenblick gibt Jesus den Menschen durch seinen Tod das Leben.

Ein entsetzlicher Krampf des göttlichen Gekreuzigten! Der ganze Körper spannt sich. Ein lauter Schrei: *«Vater, in deine Hände befehle ich meinen Geist»* (Joh 19,30). Das Haupt fällt auf die Brust herab. Die Atmung hat aufgehört. Und mit ihr das irdische Leben des Messias.

Im selben Augenblick beginnt die Erde zu beben, Felsen spalten sich, der Vorhang des Tempels reißt mitten entzwei. Die Erde empört sich beim Anblick des Gottesmordes. Und der Zenturio spricht: «*Wahrhaftig, das war Gottes Sohn!*» (Mt 27,54).

Johannes stützt die Mutter Jesu, die jetzt seine Mutter ist, und entfernt sich mit ihr. Alle beide werden von Weinen erschüttert. Ein Soldat hat die Beine der beiden anderen Gekreuzigten zerschlagen, um den Tod durch Ersticken herbeizuführen, als er aber sieht, dass Jesus schon tot ist, stößt er ihm mit der Lanze ins Herz. Es fließen daraus Blut und Wasser.

Als es Abend geworden ist, kommen zwei Jünger, Joseph von Arimatäa und Nikodemus, um mit der Erlaubnis des Pilatus den Leichnam Jesu vom Kreuze abzunehmen. Sie legen ihn in ein Grab, das in einen Felsen gehauen ist und in dem noch niemand gelegen hat. Die Mutter Jesu ist wieder zurück auf den Kalvarienberg gekommen. Als man ihren Sohn vom Kreuze abnimmt, legt man ihr seinen toten Leib in den Schoss.

Am nächsten Tag verlangen die Vorsteher der Priester und die Pharisäer von Pilatus, das Grab von Soldaten bewachen zu lassen, um seine Jünger daran zu hindern, den Leichnam fortzunehmen, um dann sagen zu können, er sei am dritten Tage auferstanden. Daher wird das Grab versiegelt und eine Wache davor gestellt.

Kapitel 35

Tag der Freude!
Jesus ist auferstanden!

All das Furchtbare, das die Mutter Jesu durchlitten hat, einschließlich der drei Stunden der Agonie ihres Sohnes am Kreuz, hat ihr Herz so sehr verwundet, dass es sich nur langsam beruhigen kann. Die entsetzlichen blutigen Bilder steigen immer wieder in ihrem Geiste auf, und immer aufs neue fühlt sie die Hammerschläge, mit denen Jesus ans Kreuz geheftet wurde. Im Geiste sieht sie immer wieder, wie furchtbar er gelitten hat in seinem Bemühen, sich vor dem Ersticken zu bewahren. Sie sieht auch die Henker, wie sie sich die Kleider ihres Sohnes teilen und die Tunika ohne Naht, über die sie das Los werfen. Sie hatte diese mit so viel Liebe gewebt und ihr die gleiche Form gegeben, wie sie der Hohepriester trägt, wobei sie an ihr Kind dachte, das gleichzeitig Priester und Opfer wird. Besonders aber sieht sie ihren toten göttlichen Sohn, wie sie ihn in ihren Armen hält, nachdem man ihn vom Kreuze abgenommen hat.

Als alles vollbracht war, hat Johannes sie behutsam unter den Arm genommen und in ihre Wohnung in der Stadt gebracht.

Dort befindet sie sich nun und ruht auf ihrem Lager aus, während sich in ihrem Geiste wieder neu die tragischen Szenen wiederholen, die sie durchlitten hat, und ein stechender Schmerz durchbohrt ihr Herz.

Es treten indessen Augenblicke des Lichtes auf, gleichsam als eine kurze Vorahnung intensiver Freude. Sie weiß, dass sie am übernächsten Tag ihr Kind wiedersehen wird. Er hat es mehrmals seinen Jüngern verkündet, dass er am dritten Tage auferstehen werde. Und auch ihr gegenüber hat er es oft erwähnt, als er von seiner Sendung hier auf der Erde sprach und vorhersagte, wie sie sich gestalten würde. Schon in Nazareth, noch vor dem Beginn seines österlichen Weges, hatte er mit ihr davon gesprochen. Sie hatte eine große Freude verspürt beim Gedanken an alle die vielen Seelen, die er retten würde; allerdings eine mit Schmerz vermischte Freude beim Gedanken daran, dass er von den Führern Israels verworfen, zum Tode verurteilt und hingerichtet würde. Sie wird niemals eine Freude ohne Leid erleben. Das von Simeon vorhergesagte Schwert wird immer bedrohlich auf ihr Herz gerichtet sein. Sie weiß es, das ist der Anteil, den sie am Heilswerk des Menschensohnes, ihres Sohnes, Fleisch von ihrem Fleisch, für die Menschen auf sich zu nehmen hat.

Über alle diese Gedanken spricht sie mit Johannes, jedesmal, wenn er von seinen Gesprächen mit den Aposteln zurückkehrt; er hält nämlich die Kontakte mit ihnen aufrecht.

Johannes nannte Myriam «Mutter», und zwar von jener Stunde an, da Jesus sie ihm vorgestellt hatte. Von Anfang an hat sie ihn mit mütterlicher Zärtlichkeit aufgenommen. Und er selbst liebte sie aus ganzem Herzen.

Dann hat Jesus ihn von der Höhe seines Kreuzes herab seiner Mutter anvertraut, nicht mehr nur deshalb, weil er am besten seine Botschaft und seine Sendung verstand, sondern weit mehr noch, um als Adoptivsohn für sie zu sorgen, so lange ihr irdisches Leben währt. Die gegenseitige Liebe zwischen einer Mutter und einem Adoptivkind ist so, dass außer der leiblichen Abstammung gar kein Unterschied besteht zwischen der Liebe eines leiblichen Kindes und einem Adoptivkind. Daher nennt Johannes sie von diesem Augenblick an «Mutter». Seine Klarheit und Reinheit bewirken, dass er sich sogleich mit allen Fasern seines Herzens zu ihr hingezogen fühlt, und das um so schneller, da er seit langem seine eigene Mutter verloren hat. Und nun hat Jesus, sein vielgeliebter Meister und Herr, ihm das unschätzbare Geschenk der Unbefleckt Empfangenen, seiner eigenen Mutter, anvertraut. Oh, mit welchem Eifer wird er für sie sorgen! Wie sehr wird er sich bemühen, sie ein wenig von diesem Glück wiederfinden zu lassen, das sie in Nazareth verkostet hat! Und unverzüglich beginnt er mit seiner Aufgabe, eine Quelle der Freude für sie zu sein. Während Jesus noch im Grabe liegt, weinen sie zwar oft zusammen, aber es kommt auch schon vor, dass es Johannes gelingt, seiner Mutter ein ganz kleines Lächeln zu entlocken. Ein schwaches Lächeln, das ihm jedoch tief zu Herzen geht. Außer Jesus hat niemals ein Sohn seine Mutter so sehr geliebt, wie Johannes seine zweite Mutter liebt! Myriam ihrerseits schenkt Johannes, ihrem zweiten Sohn, eine Liebe, die zwar verschieden ist von der, die sie für Jesus, der Frucht ihres Leibes, empfindet, die aber ebenso allumfassend ist. Vom ersten Tag an enthüllt sie ihm ihr mütterliches Herz, indem sie in ihrem unendlichen Schmerz einen Vers des Hohenliedes auf ihn anwendet: «*Stütze mich, belebe mich, mein Sohn, denn ich bin krank vor Liebe*» (vgl. Hl 2,5).

Am zweiten Abend kommt Johannes mit Petrus zu Myriam. Dieser wirft sich ihr sogleich zu Füßen und bittet sie um Verzeihung für seine dreifache Verleugnung. Durch die Tränen des rauen Fischers gerührt, hebt die Mutter Jesu und des Johannes ihn auf und drückt ihn lange an ihr Herz, indem sie ihm ganz einfach sagt: «Jesus sieht das Innerste deines Herzens. Er weiß, dass Güte und Treue darin wohnen. Hab keine Sorge, Petrus, Jesus liebt dich ebensosehr wie zuvor. Wenn er erst auferstanden ist, dann wird er dir aufs neue seine Liebe bezeugen», so sagt sie, indem sie zum Schluss noch ein Lächeln andeutet, das voll von Sanftmut und Güte ist.

Sie hat diese Worte noch nicht zu Ende gesprochen, als sich ein lautes Poltern an der Eingangstür vernehmen lässt. Es sind die neun anderen Apostel, die kommen, um die Mutter Jesu zu besuchen und sie durch ihre Nähe in diesen schmerzvollen Stunden aufzurichten und auch, um sie um Verzeihung zu bitten, weil sie Jesus in der Stunde der Gefahr aus Angst verlassen hatten. Noch jetzt schämen sie sich deshalb. Myriam sagt zu ihnen das gleiche, was sie zuvor zu Petrus gesagt hatte, mit der gleichen Zärtlichkeit und Liebenswürdigkeit, die für die Vertrauten Jesu immer so sehr beeindruckend ist. Das hat die Apostel übrigens ermutigt, zu ihr zu kommen, um sie um Vergebung zu bitten. Sie wissen, dass die Mutter wegen ihrer Feigheit gelitten hat.

Nachdem durch ihre liebevollen Worte die innere Ruhe wiederhergestellt ist, sprechen sie zusammen von den Ereignissen, die zum Kreuzestod Jesu geführt haben, und von seinem Begräbnis. Sehr schnell aber wendet sich ihr Blick den kommenden Ereignissen zu, besonders der Auferstehung des Herrn. Ihr Glaube – mit Ausnahme des Johannes – war wegen all der Ereignisse erschüttert worden; ganz tief im Herzen war er jedoch lebendig geblieben. Durch ihre Worte, aus denen eine absolute Gewissheit spricht, bestärkt Myriam sie in ihrem Entschluss, voll Vertrauen auf die von Jesus verheißenen Geschehnisse zu warten. Das wird am nächsten Tag sein, dem «dritten Tag»...

Die Zehn verlassen nun die Mutter Jesu, ihre Seele hat den Frieden wiedergefunden. Sie beneiden Johannes, dass er bei ihr bleiben kann. Alle haben erfahren, was Jesus am Kreuze gesagt hat. Sie empfinden jedoch keine Eifersucht. Sie kennen Johannes gut und wissen, dass er der einzige ist, der diese Bevorzugung verdient.

Die Auferstehung

Der dritte Tag ist angebrochen.

Der Garten liegt noch in tiefem Schweigen unter dem schwarzblauen, sternenübersäten Himmel. Allmählich vertreibt das Morgenrot die Dunkelheit. Langsam verlöschen die letzten Sterne am Firmament. Die Vögel erwachen in dem dichten Geäst einer großen Zypresse hinter dem Grab, in dem der Leichnam Jesu ruht. Die durchfrorenen

Wächter schlafen neben dem großen runden Stein, der an der Seite noch von einer dicken Kalkschicht bedeckt ist, auf der eine Rosette von rotem Wachs zu erkennen ist, die das Siegel des Tempels trägt. Neben den Wächtern raucht noch die Asche und das halbverbrannte Holz des Feuers, das die Soldaten angezündet hatten. Am östlichen Himmel wird das Morgenrot stärker.

Plötzlich erscheint vor dem Grab ein blendendes Licht, und in seiner Mitte erscheint strahlend wie die Sonne eine menschliche Gestalt: der auferstandene Herr!

Außer sich vor Schrecken stürzen die Wachen zu Boden und verbergen ihre Gesichter mit ihren angewinkelten Armen wegen des unerträglichen Glanzes des Gottessohnes, dem Licht der Welt. Ein Licht steigt auf an diesem Ort der Erde, wo seine Feinde so sicher waren, für alle Zeiten die Gotteslästerung eines Menschen begraben zu haben, der sich dem Allerhöchsten gleich gestellt hat.

Dieses Ereignis, der Mittelpunkt der ganzen Menschheitsgeschichte, ereignet sich an diesem klaren, in seiner jungfräulichen Reinheit strahlenden Aprilmorgen, wie sie der Frühling über das Heilige Land auszubreiten pflegt.

Kapitel 36

Jesus erscheint seiner Mutter

In ihrem Zimmer in Jerusalem befindet sich Myriam an diesem Morgen auf den Knien. Sie betet seit dem Ende der Nacht. An diesem dritten Tag nach dem Tode ihres Kindes hat sich aller Schmerz besänftigt, und eine noch zaghafte Freude bricht aus dem Grunde ihres Herzens hervor. Sie weiß, dass jetzt die Stunde kommt, die den Blicken der Menschen die göttliche Herrlichkeit des österlichen Weges sichtbar werden lässt, dieses Weges, der Jesus an das Kreuz geführt hat. Sie wartet, ihre Seele ist im Frieden und brennt vor Sehnsucht, diesen Sohn zu sehen, zu berühren, an ihr Mutterherz zu drücken, den sie am vorvergangenen Tag bis zu seinem grausamsten, unerträglichsten Tod begleitet hat.

Plötzlich wird das Zimmer von einem überaus beglückenden Licht erfüllt. In seiner Mitte Jesus, der Auferstandene: «Mein Kind! Mein Jesus!», flüstert sie mit leiser Stimme, in der sich die ganze mütterliche Liebe ausdrückt, die der Widerschein der Liebe des Allmächtigen ist.

Myriam bedeckt ihr Kind mit Küssen, wie ein Verdurstender, der an einer Wasserquelle trinkt, nachdem er die Wüste durchwandert hat.

«Alles ist vollbracht, liebe Mutter! Die Menschen sind gerettet. Deine Prüfung ist vorbei. Ich danke dir, dass du mich zur Welt gebracht, erzogen und auf meine Sendung vorbereitet hast. Und jetzt wird durch dich der Menschensohn für immer untrennbar vom Gottessohn sein und zum himmlischen Vater zurückkehren, zu meinem Vater und dem eurigen.»

Die Mutter des auferstandenen Jesus drückt nun ihr Kind im Glanz seiner Herrlichkeit noch fester an ihr Herz. Indem Jesus sich in die Arme der liebenswürdigsten und zärtlichsten aller Mütter schmiegt, die die Erde jemals getragen hat, fügt er hinzu: «Ich bin jetzt nicht mehr von meinem himmlischen Vater getrennt, und du wirst nie mehr von dem vielgeliebten Sohn des Vaters getrennt sein, der für immer dein Kind bleiben wird. Du bist von jetzt an auf der Erde ein lebendiger Himmel, der den Dreifaltigen Gott unter die Menschen trägt. Als Königin des Priestertums und Mutter der Jünger, die dich wie Johannes bei sich aufnehmen werden, wirst du meine Kirche heiligen. Jetzt, da du noch auf Erden bist, und später, wenn ich dich zum himmlischen Vater mitnehmen werde, wo deine Ankunft das Paradies noch schöner machen wird.»

Nachdem Jesus diese Worte mit übergroßer Zärtlichkeit gesprochen hatte, entschwand er ihren Blicken inmitten eines blendenden Lichtes.

Das Schweigen und das normale Licht des frühen Morgens kehren wieder in die kleine Kammer ein; die

Seele der Jungfrau-Mutter aber ist brennend wie Kohlen-
glut im Wind. Niemals mehr wird die Fülle des Glücks,
das ihr ganzes Sein durchzieht, sie verlassen. Dennoch
weiß sie, dass sie noch oft schmerzliche Tränen vergießen
wird wegen der Undankbarkeit und Verblendung der
Menschen, die sich weigern, gerettet zu werden oder die
zu gewissen Zeiten der Verführung durch die Sünde er-
liegen. Ihr Kampf mit dem Widersacher wird erst aufhö-
ren, wenn die Zeit erfüllt ist. Niemals aber wird das Glück
ihr genommen werden, das ihr Herz erfüllt an diesem
Tag, der unter allen anderen gesegnet ist. Höchstens
kann die jubelnde Freude, die seit der Auferstehung ihres
Sohnes in ihrem Herzen wohnt, vermindert und zeit-
weise verdunkelt werden wegen der Undankbarkeit der
Menschen und der Treulosigkeiten der Jünger.

Myriam fällt wieder auf die Knie. Aus ihrer Seele
erhebt sich die freudigste Danksagung zum Vater im
Himmel.

Der Auferstandene erscheint den Jüngern

Zur selben Zeit begeben sich Maria Magdalena, Maria,
die Mutter des Jakobus, und Salome mit schnellen Schrit-
ten zum Grab. Sie tragen Spezereien, um Jesu Leib zu
salben. Als gerade die Sonne aufgeht, kommen sie zum
Grab und sehen mit Schrecken, dass der riesige Stein
zur Seite gewälzt worden ist. Ganz verängstigt treten sie
in das Grab hinein und sehen dort einen jungen Mann,
der mit einer weißen Tunika bekleidet ist. Mit einer
Stimme, die von großer Sanftmut geprägt ist, sagt er zu
ihnen: *«Erschreckt nicht. Ihr sucht Jesus von Nazareth,*

*den Gekreuzigten. Er ist auferstanden, er ist nicht hier.
Sagt seinen Jüngern, vor allem Petrus: Er geht euch voraus nach Galiläa; dort werdet ihr ihn sehen, wie er es
euch gesagt hat»* (Mk 16,6.7).

Außer sich vor Freude laufen die Frauen zurück nach
Jerusalem. Atemlos berichten sie den elf Aposteln und
den dort versammelten Jüngern, was sie erlebt haben,
und geben ihnen die empfangene Botschaft weiter. Ohne
auch nur einen Augenblick zu verlieren, machen die Jünger sich auf, um nach Galiläa zu eilen.

Kurz bevor die drei Frauen am Grabe angekommen
waren, machten sich die Wächter, noch zitternd vor
Schrecken beim Gedanken an das, was sie erlebt hatten,
auf den Weg in die Stadt, wo sie den Vorstehern der
Priester das Vorgefallene berichteten. Nachdem diese
den unglaublichen Bericht gehört haben, fügen sie eine
neue Schandtat zu den bereits begangenen hinzu; sie
bestechen die Wächter, ein falsches Zeugnis zu geben.
Sie sollten erzählen, die Jünger Jesu hätten seinen Leib
fortgenommen, während sie schliefen. Die Soldaten nehmen das Geld und gehen fort, um den Juden alles so zu
erzählen, wie man es ihnen gesagt hatte (vgl. Mt 28).

Auf dem Berg in Galiläa, den Jesus ihnen angegeben
hatte, sehen die Elf den Auferstandenen. Er gibt ihnen
Anweisungen für die Entstehung der Kirche am Pfingstfest. Eine Anweisung, die für die Zukunft bis zur Vollen-
dung der Zeiten gültig ist: *«Geht zu allen Völkern und
macht alle Menschen zu meinen Jüngern; tauft sie auf
den Namen des Vaters und des Sohnes und des Heiligen
Geistes, und lehrt sie, alles zu befolgen, was ich euch
geboten habe. Seid gewiss: Ich bin bei euch alle Tage bis*

zum Ende der Welt» (Mt 28,19.20). Er schenkt ihnen diese unendlich trostvollen Worte, nachdem sie noch vor wenigen Tagen von so großer Ratlosigkeit befallen waren, er stärkt ihren Glauben durch die Versicherung seiner Allmacht: *«Mir ist alle Macht gegeben im Himmel und auf der Erde»* (Mt 28,18).

Jesus erscheint auch noch anderen Jüngern. Nun gilt es nur noch, auf die Ausgießung des Heiligen Geistes in die Herzen der Apostel und der Jünger zu warten, um die machtvolle Ausbreitung der Kirche zu erleben. In der Zwischenzeit fährt Jesus fort, die Seelen seiner Anhänger vierzig Tage lang liebevoll heranzubilden, bis er vor ihren Augen in der Nähe von Bethanien zum Himmel auffährt. So kehrt er zu seinem Vater zurück, nachdem er noch einmal die wundervollen Zeichen vermehrt hatte, die Zeugnis geben von seiner göttlichen Kraft (vgl. Joh 20,30).

Kapitel 37

Der Geist des Feuers senkt sich nieder auf die Jungfrau-Mutter und die zwölf Apostel

Die Apostel haben die Vollzahl wiedergefunden, wie Jesus sie für das Apostelkolleg bestimmt hatte. Judas, der sich ins Verderben gestürzt hatte, da er sich dem messianischen Heilswerk für die Menschen gegenüber verschlossen hatte, wird in einer Versammlung im Abendmahlssaal durch einen anderen ersetzt.

Petrus erhebt die Hände zum Himmel und betet: «Sende uns deinen Geist, o Herr, dass wir in seinem Lichte das Rechte tun.» Und er schlägt vor, den zwölften Apostel unter den treuesten Jüngern durch Losentscheid zu bestimmen. Ein weißer Stein zeigt die Entscheidung des Heiligen Geistes an: es ist Matthias, der ein treuer Jünger Johannes des Täufers gewesen war, ehe er zu dem des Messias wurde.

Nun sind die Zwölf zusammen mit der Mutter Jesu schon neun Tage lang im Abendmahlssaal zusammen versammelt. Es ist derselbe Saal, in dem Jesus das in seinen heiligsten Leib verwandelte Brot gebrochen und seinen Aposteln den Becher mit Wein gereicht hatte, der zu seinem heiligsten Blut geworden war. Zur Rechten der Jungfrau-Mutter befindet sich der Apostel Petrus, dem die Schlüssel des Himmelreiches anvertraut sind, und zu ihrer Linken Johannes.

Myriam trägt ein himmelblaues Gewand, das Haar ist mit einem weißen Schleier bedeckt, ein ekstatisches Lächeln hat ihr Antlitz verklärt; sie erhebt sich und spricht ein Gebet, das auf einer Schriftrolle aufgezeichnet ist, die sie in ihrer Hand hält. Die meiste Zeit spricht sie das Gebet jedoch auswendig, denn mehrmals schließt sie für längere Zeit die Augen, während ihre elfenbeinfarbenen Wangen sich röten, als ob sich eine rosenfarbige Flamme in ihnen widerspiegeln würde. Ihre für gewöhnlich von Sanftmut geprägte Stimme wird engelgleich. An ihrer Seite ist der raue galiläische Fischer so gerührt, dass zwei große Tränen über seine Wangen laufen.

Der neunte Tag nach der Himmelfahrt des Herrn ist der Pfingsttag, das israelitische Erntefest, das größte nach dem Pascha; es wird geheiligt, indem man Gott die Erstlinge von den Früchten der Erde opfert. Ein Freudenfest, «wo man vor Jahwe fröhlich ist» (Ex 23,16).

Wie bei der Gotteserscheinung auf dem Sinai, die Israel an diesem Tag feiert, bekundet sich der Heilige Geist durch sichtbare und hörbare Zeichen. Plötzlich lässt sich im Abendmahlssaal ein seltsames Geräusch vernehmen, gleich einem heftigen Windstoß, der vom Himmel kommt. Das Brausen kommt näher. Die erschrockenen Apostel heben den Kopf. Myriam sammelt sich innerlich, ihre Augen sind geschlossen, das Antlitz ist strahlend wegen ihres inneren Friedens und der

Freude. Johannes an ihrer Seite hat alle Furcht überwunden bei der Betrachtung des friedvollen Glücks, das von der Mutter Jesu – und seiner Mutter – ausgeht; auch er schließt die Augen und lauscht auf das, was seine innere Stimme ihm sagt.

Und, o Wunder, in dem verschlossenen Saal erscheint eine Feuerkugel, gerade über Myriams Haupt, dann zerteilt sie sich in dreizehn Teile, die gleich Feuerzungen sind, und lassen sich auf das Haupt eines jeden der an diesem Ort versammelten Beter nieder. Die Angst der Apostel wird augenblicklich in innere Freude verwandelt; ihre Gesichter sind verklärt. Myriam ist in Ekstase, ihre Lippen bewegen sich in einem inneren Zwiegespräch mit Gott.

Dann verschwinden die Feuerzungen wieder. Der Saal aber ist von einem Wohlgeruch erfüllt, wie keine Blume auf der Erde ihn verströmen kann. Der Wohlgeruch des Paradieses.

Durch den Heiligen Geist getrieben, der von nun an ihren Leib und ihre Seele erfüllt, werden die Apostel jetzt von einem bisher unbekannten inneren Feuer durchglüht; sie fühlen sich gedrängt, die Frohe Botschaft zu verkünden, nicht mehr nur in Israel, sondern den Menschen überall auf der Welt. Alle Furcht, außer der Gottesfurcht, ist von ihnen gewichen. Vorher waren sie ängstlich, jetzt werden sie von einer bis dahin unbekannten Kraft belebt. Und mit einer neuen Einsicht, die sie endlich den tiefen Sinn der Worte verstehen lässt, welche sie drei Jahre lang aus dem Mund des Herrn gehört hatten. Drei Jahre wurde gesät, und jetzt ist die Erntezeit gekommen...

An diesem Tag des hohen Pfingstfestes befanden sich in Jerusalem gerade *«Juden, fromme Männer aus allen Völkern unter dem Himmel»* (Apg 2,5).

Als die Apostel aus dem Abendmahlssaal heraustreten, sehen sie diese vielen Menschen, die aus zahlreichen Ländern gekommen sind und viele Sprachen sprechen. Petrus richtet das Wort an sie. Er erzählt ihnen von Jesus, von seinen Wundern, von seiner Passion, seinem Tod und seiner Auferstehung. Alle sind außer sich vor Staunen. Sie verstehen die Worte des Petrus, jeder in seiner eigenen Sprache. Die Apostel ihrerseits sind erstaunt über die vollkommene Sicherheit, mit der Petrus sich an diese Menschenmenge wendet, die immer noch größer wird. Viele von ihnen öffnen ihr Herz für seine Worte und lassen sich taufen. An diesem Tag kommen dreitausend neue Jünger hinzu!

Die erste Eucharistie der Apostel

«Tut dies zu meinem Gedächtnis», hatte Jesus ihnen am Ende des Letzten Abendmahls - dem Herrenmahl - am Vorabend seines Todes gesagt.

Einige Tage nach dem Pfingstfest sind die Apostel mit zahlreichen Jüngern wieder im Abendmahlssaal versammelt. Auch die Mutter Jesu befindet sich dort, zusammen mit einer Gruppe von Frauen, unter ihnen Martha und Maria, die Schwestern des Lazarus, Maria, die Frau des Alphäus, und Salome. Unter den Männern sind Lazarus, Nikodemus, Joseph von Arimatäa, Stephanus und schließlich noch Longinus, jener Soldat, der die Seite Jesu mit einem Lanzenstich geöffnet hatte, wodurch Jesus der Gott mit dem durchbohrten Herzen wurde; dabei wurde Longinus das Geschenk des Glaubens zuteil.

Petrus spricht zu ihnen vom Letzten Abendmahl Jesu, des Sohnes Gottes, unseres Erlösers, der sich seinen Jüngern zur Speise und zum Tranke darreicht und die nun untereinander Brüder und Schwestern sind, die heilige Kirche des Neuen und ewigen Bundes.

Durch den Heiligen Geist erneuert, zeigt sich Petrus, während er spricht, voll Majestät. Die Autorität wird sichtbar in seinem Blick, seiner Liebe und seinem Glauben, die sein ganzes Wesen durchdringen. Und diese neuen Gaben verleihen seinen Worten eine nie gehörte Kraft.

Johannes bittet Myriam nun um den Schlüssel der Truhe, in der sich die kostbarsten Schätze der jungen Kirche befinden: der Kelch, den Jesus beim Letzten Abendmahl gebraucht hat, die Reste der Brote, die er ausgeteilt hat und auch die Dornenkrone, die Nägel, das zusammengerollte Grabtuch. Alle knien sich hin, als die Truhe geöffnet wird. Den Jüngern zugewandt, segnet Petrus das auf einem Tablett liegende Brot und den in dem Kelch befindlichen Wein. Dann bricht er die Brote in kleine Stücke und sagt mit großer Ehrfurcht: «*Dies ist mein Leib. Tut dies zu meinem Gedächtnis!*» Er nähert sich zuerst der Mutter Jesu und reicht ihr in der Gestalt eines Stückchens Brot den Leib ihres Sohnes. Dann kommen auch die Jünger zu Petrus, der andere Brotstückchen in ihre Hände legt. Das gleiche wiederholt sich mit dem Wein, der in Christi Blut verwandelt ist. Myriam trinkt als erste von dem heiligen Kelch, dann alle anderen. Psalmengesang zur Danksagung beendet diese erste Eucharistie, dieses erste Mahl des Herrn, wo er gegenwärtig ist unter den Gestalten von Brot und Wein, die zum Fleisch und Blut Christi geworden sind. Zum Schluss segnet Petrus die Jünger, die sich nun nach und nach entfernen. Myriam verbleibt noch lange auf den Knien zu einer glühenden Danksagung.

Myriam wechselt ihren Wohnort

Johannes hat bei Myriam, seiner Mutter, darauf bestanden, im Haus mit dem Abendmahlssaal zu wohnen, das den Aposteln von Lazarus, dem Eigentümer, zur Verfügung gestellt worden war. Sie hat sich in einem Zimmer in der oberen Etage eingerichtet. Dort verbringt sie ihre Zeit mit Gebet und mit dem Nähen feiner Tücher für den Tisch des heiligen Abendmahls. Sie liebt es auch, im Abendmahlssaal zu beten, wobei sie in ihrem Herzen das Ereignis vom Vorabend des Kreuzweges überdenkt und immer tiefer dessen Bedeutung versteht. Und indem sie daran denkt, welche Bedeutung es in allen künftigen Jahrhunderten haben wird...

Viele Jünger kommen sie in dieser neuen Wohnung besuchen; sie erbitten ihren Rat und berichten von den Schwierigkeiten, die ihnen begegnen und suchen Ermutigung bei ihr. Alle verehren sie als Mutter.

Heute kommen Lazarus und Joseph von Arimatäa gemeinsam zu ihr, um sie zu sehen und ihr einen Vorschlag zu machen, den sie gut finden. Es ist ein Gedanke, der sie nicht loslässt, weil auf diese Weise die ständige Gegenwart der Mutter Jesu in Jerusalem gewährleistet wird. Sie befürchten nämlich, dass sie nach Nazareth zurückkehren möchte. Hier jedoch, im Abendmahlssaal, wo ständig die Jünger ein- und ausgehen, ist ihre Ruhe nicht gewährleistet und auch nicht das Schweigen, das ihr so wichtig ist. Sie schlagen ihr daher vor, mit Johannes in ein kleines Haus umzuziehen, das dem Joseph von Arimatäa im Garten von Gethsemani gehört. In ihrem Feingefühl haben sie schon dafür gesorgt, dass ein Zaun um das Grundstück errichtet wurde, um die Ruhe und Unverletzlichkeit dieser heiligen Erde zu gewährleisten. Myriam fragt: «Und wer kümmert sich um die Ölbäume?» Sie haben an alles gedacht. Während der Zeit, wenn dort umgegraben wird, wenn die Ölbäume beschnitten werden und während der Ernte wird Lazarus seine Diener dorthin schicken, und Myriam wird mit Johannes nach Bethanien kommen, um dort in ihrem großen Haus in der Nähe von Jerusalem zu wohnen.

Myriam nimmt daher diesen großmütigen und zartfühlenden Vorschlag an; in warmen Worten drückt sie ihre tiefe Dankbarkeit aus. «Gott segne euch!», sagt sie zum Schluss. In diesem Augenblick betritt Johannes das Haus. Als ihm die Angelegenheit berichtet wird, drückt auch er seine Freude aus. Glücklich und zufrieden zeigt die Mutter Jesu ihm die Schlüssel, die Joseph ihr soeben gegeben hat. Gemeinsam steigen sie nun hinauf in den Garten von Gethsemani und nehmen die wenigen Dinge mit, über die sie verfügen. Als der Schlüssel die Tür des kleinen Häuschens öffnet, loben sie den Herrn und segnen ihre Wohltäter.

Die Wallfahrt am Freitag

Der erste Freitag, den Myriam und Johannes, ihr Adoptivsohn, dort verbringen, kündet sich durch ein helles sommerliches Morgenrot an. An diesem Tag begibt Johannes sich nicht wie gewohnt zum Abendmahlssaal. Er begleitet die Mutter Jesu zu einer schmerzvollen Wallfahrt. Sie durchqueren den still und verlassen liegenden Ölgarten. Aus den Zweigen ertönt der Gesang der Vögel und das Piepsen ihrer Jungen in den Nestern. Sie bleiben an dem Felsen stehen, wo Jesus in Todesangst gebetet hatte. Kniend küsst Myriam das Gestein, wobei sie innerlich weint. Johannes steht hinter ihr, auch er ist von innerer Bewegung ergriffen und sein Gesicht ist von Tränen überströmt. Nun gehen sie weiter und kommen zu der Stelle, wo Judas dem Herrn den verräterischen Kuss gegeben hat. Myriam drückt ihre Lippen auf die Erde, gleichsam um diese entsetzliche Bosheit auszulöschen.

Beide nähern sich jetzt der Umzäunung. Sie verlassen Gethsemani, steigen hinab zum Kidron und überqueren die kleine Brücke. Myriam drückt einen Kuss auf das stabile Geländer, an der Stelle, wo Jesus unter dem Gewicht des Kreuzes gefallen war. Im Hinnontal legt sie Lebensmittel nieder in der Nähe der Höhlen, wohin die Aussätzigen verbannt worden sind. Sie hat die Sachen in ihrem Beutel mitgenommen. Nikodemus und Lazarus haben vergeblich versucht, diesen armen Unglücklichen das Evangelium zu verkünden. Myriam leidet darunter so sehr, dass sie bei ihrem Anblick Tränen vergießt, während Jesus ihnen doch Trost und Hoffnung geben könnte.

Nun gehen sie zusammen weiter. Sie steigen hinauf zum Hügel von Golgotha. Jedesmal, wenn Myriam an einer Stelle vorbeikommt, die sie an ein Geschehnis auf dem Kreuzweg ihres Sohnes erinnert, kniet sie nieder und küsst die Erde: die Stellen, wo Jesus gefallen ist, den Ort, wo sie selbst dem Schmerzensmann begegnet war und wo Veronika dem Herrn das Schweißtuch gereicht hat, dem sich dann das heiligste Antlitz aufgeprägt hat: diese wahre Ikone wird sorgsam in der Truhe des Abendmahlssaales aufbewahrt.

Am Ort der Kreuzigung kniet Myriam sich immer wieder hin. Heilig ist diese Erde, die vom Blute des Gottessohnes getränkt worden ist. Die Jungfrau-Mutter weint dort viele Tränen. Sie beugt sich nieder und hebt mit ein wenig Erde eine kleine rote Blume aus, die an die Blutstropfen erinnert, die an diesem Ort bis zum letzten Tropfen von dem Gekreuzigten vergossen worden sind.

Als Johannes sieht, dass der Schmerz seiner Mutter immer größer wird, nimmt er zart ihren Arm und führt sie zu einem Ruheplatz am Fuße des Hügels von Golgotha. Im Vorübergehen drückt Myriam noch einen Kuss auf das leere Grab. Nebenan im Gras liegt der runde Stein, so wie er dorthin gewälzt worden war. Auf ihre Bitte hin erzählt Johannes ihr noch einmal in allen Einzelheiten, wie er am Morgen der Auferstehung mit Petrus zum Grab gelaufen war.

Von dort aus kommen sie wieder in den Garten von Gethsemani.

An diesem Abend kommen Lazarus, Nikodemus und Joseph von Arimatäa, gleichsam um die erste Freitagswallfahrt besonders hervorzuheben, und bringen der

Jungfrau-Mutter das Grabtuch, das das wunderbare Antlitz des Gekreuzigten trägt, nachdem er ins Grab gelegt worden war. Myriam ist darüber sowohl glücklich wie auch von Schmerz ergriffen, denn sie fühlt, wie diese Reliquie und der Anblick derselben die durchlittenen Schmerzen neu belebt. Das Grabtuch war von Joseph von Arimatäa aufbewahrt worden. Er hatte es aus Furcht vor den Pharisäern in dem außerhalb der Stadt gelegenen Hause des Nikodemus versteckt.

Solange die Jungfrau-Mutter in Jerusalem bleibt, begibt sie sich jeden Freitag zusammen mit Johannes frühmorgens auf die Wallfahrt, bei der ersten Morgenröte, noch ehe in der Stadt das Leben erwacht.

Kapitel 38

Das Martyrium des Stephanus

Seit dem Pfingsttag spricht Stephanus, der erste der sieben Diakone, jeden Tag zum Volk. Sein Wort voll innerer Begeisterung bewirkt, dass viele Juden ihm folgen auf seinem lichtvollen Weg. Viele erkennen in Jesus den Messias.

Für den Sanhedrin ist das nicht zu ertragen. Auf Anweisung des Hohenpriesters wird dieser «Fanatiker» festgenommen und vor die Hohe Versammlung geführt.

Stephanus wird verhört, und er, ein Mann ohne Furcht, ein Diener der Wahrheit, was sie ihn auch kosten mag, antwortet klar und ausführlich auf die gestellten Fragen. Es dauert nicht lange, und der ganze Saal gerät in Aufruhr. Es regnet Faustschläge auf den Angeklagten; manche spucken ihm ins Gesicht. Der zornigste unter ihnen ist ein gewisser Saulus. Dem Stephanus strömt das Blut aus der Nase, aber er hebt die Augen zum Himmel empor und ruft: *«Ich sehe den Himmel offen und den Menschensohn, Jesus den Messias, zur Rechten Gottes stehen, ihn, den ihr gekreuzigt habt»* (vgl. Apg 7,56).

Diejenigen, die diese Worte hören, halten sich die Ohren zu und schreien, bebend vor Wut: «Zum Tod mit ihm!» Angesichts dieses Anblicks hüllt sich Gamaliel, empört über das Verhalten des Sanhedrin, in seinen weiten Mantel und verlässt den Raum. Er würdigt den Saulus keiner Antwort, der wütend und entrüstet ist, weil der Rabbi fortgegangen ist, den er doch so sehr verehrt. Saulus geht hinter Gamaliel her. Schließlich kommt es zwischen ihnen zu einem Dialog über Jesus, der vielen als der Messias erschienen war. Bei diesen Worten ist Saulus außer sich vor Zorn. «Wie ist das möglich, dass du, einer der Weisen in Israel, Gott lästern kannst und Jahwe, den wahren Gott, verleugnest, um dich an einen falschen Messias zu binden? Wehe! Fluch! Du lästerst Gott!»

Inzwischen hat man Stephanus vor die Stadt geschleppt, um ihn dort zu steinigen. Saulus geht mit. Die Henker legen ihre Kleider zu seinen Füßen nieder, um beim Schleudern der Steine größere Kraft zu haben. Ehe Stephanus stirbt, ruft er aus: *«Herr, rechne ihnen das nicht zur Sünde an!»* Dann entschläft er im Herrn.

Am nächsten Morgen, noch ehe es hell geworden ist, steigt die Jungfrau-Mutter in Begleitung des Johannes und einiger Jünger vom Ölberg hinab und geht außerhalb der Stadtmauern den Kidron entlang zu der Stelle, wo Stephanus am Tage zuvor gesteinigt worden war. Sein toter Leib liegt noch dort, halb bedeckt von den Steinen, die man auf ihn geworfen hat. Weinend beugt sich die Mutter Jesu über ihn und wischt das geronnene Blut von seinem Antlitz ab, dann bringt sie das Haar des Märtyrers in Ordnung. Die Apostel hüllen ihn in ein Leintuch und tragen ihn fort an einen geheimen Ort, wo sie ihn begraben.

Lange Zeit hat Myriam noch die Augen voller Tränen, wenn sie an Stephanus denkt. Sie empfand eine Vorliebe für diesen glühenden Jünger mit dem klaren Blick und dem sanften Lächeln. Sie erbebte jedesmal vor Freude, wenn der Diakon kam und ihr von den Bekehrungen berichtete, deren Werkzeug er im Dienste des Herrn gewesen war, oder wenn er die Zahl der Taufen nannte, die er gespendet hatte. Dann strahlte sein Blick von heiliger Freude. Der Lohn, den seine Besuche ihm einbrachten, machte ihn überglücklich: Jedesmal drückte die Mutter Jesu ihn an ihr Herz. Dann bat sie im tiefsten Inneren ihrer Seele den Herrn: «Mein Gott, vermehre deine Diener, wie Stephanus einer ist!»

Gamaliel vom Licht überflutet

Die unwürdige Verurteilung des Stephanus und seine Steinigung haben dazu geführt, dass Gamaliel in seinem Herzen noch mehr über die Person Jesu, seine Botschaft, seinen Tod und seine Auferstehung nachgedacht hat. Die Gnade vollbringt ihr verborgenes Werk. Langsam, wie der Sonnenaufgang, der den Nebel zerstreut, bildet sich in ihm die Überzeugung: Jesus IST der Messias. Mehrmals begibt er sich des Nachts zum Abendmahlssaal, um dort mit den Jüngern zu sprechen. Diese sind voll staunender Bewunderung über die Tiefe der aus der Heiligen Schrift geschöpften Gedanken des berühmten Rabbis, und auch, weil nun einer der hervorragendsten Lehrer Israels sichtbar dem Herrn entgegengeht, dem Sohn Gottes, der vom Vater zu den Menschen gesandt worden ist, um sie zu erlösen. Diese allmähliche, aber so wundervolle, tiefe und inzwischen unwiderrufliche Bekehrung ist für sie eine unvergleichliche Ermutigung; sie werden dadurch in ihrem Glauben bestärkt, dessen Glut verdoppelt wird. Ganz besonders berührt sie aber die Tatsache, dass dieser werdende Jünger nicht nur ein vorzüglicher Ausleger der Heiligen Schrift, sondern auch ein aufrechter, unparteiischer, ehrenhafter und lauterer Mensch ist. Ein Jünger, würdig des Messias.

Eines Tages spricht Gamaliel bei Johannes den Wunsch aus, allein der Mutter Jesu begegnen zu dürfen. Während des ausgedehnten Gespräches, als er das Privileg hat, bei ihr zu sein, wird sein Plan noch bestärkt, um die Taufe zu bitten. Myriam erzählt ihm ihren eigenen Weg, von der Zeit an, die sie im Tempel verbrachte, in der Schule der kleinen Dienerinnen des Herrn; dann die Verkündigung durch den Engel Gabriel, die Geburt Jesu in Bethlehem, die Flucht nach Ägypten, die Rückkehr nach Nazareth und den Eintritt Jesu in seinen österlichen Weg. Zur größten Freude Gamaliels, eines Experten in der Heiligen Schrift, führt die Jungfrau-Mutter immer wieder Stellen aus der Heiligen Schrift an, besonders den Propheten Jesaja, als Belege zum Bericht über ihr Leben. Wundervolle Augenblicke für Gamaliel! Er kann sich nicht erinnern, jemals eine so intensive Freude erlebt zu haben.

Als er die Mutter des Messias verlässt, ist seine Absicht zu einem unumstößlichen Entschluss geworden. Er schreitet durch den Garten Gethsemani und dreht sich noch einmal um, ehe er durch das Eingangstor geht; da sieht er die Mutter Jesu, wie sie auf der Türschwelle steht und ihm mit ihren Blicken folgt. Er macht ihr ein

Zeichen und fügt die Hände zusammen, um ihr sein Glück und seine Dankbarkeit auszudrücken... In einem glühenden Gebet jubelt Myriams Herz in Gott, ihrem Retter. So kennt sie Augenblicke großer Freude, abwechselnd mit anderen, die ihr bittere Tränen entlocken.

Gamaliel tritt jedoch nicht sofort in die Gruppe der Jünger ein. Er nimmt vielmehr wie immer pünktlich an den Sitzungen des Sanhedrin teil. Vorsichtig wägt er seine Worte ab. Er hat keineswegs die Absicht, ihnen seinen inneren Weg zu offenbaren. Es ist da noch etwas zu bedenken: Er ist so vollständig in diese neue Welt des Evangeliums eingetaucht, dass er genötigt ist, viele durch die Thora vorgeschriebenen Praktiken aufzugeben, die in seinem Leben Fleisch von seinem Fleisch und der Atem seiner Seele geworden sind. Der Übergang von einem Menschen, der einer Mumie gleich mit Binden umwickelt ist, zu dem eines Jüngers, der den Flug eines Adlers in den strahlenden Himmel der messianischen Freiheit unternimmt, verlangt von ihm einen zweifachen Weg: eine Trauerarbeit wegen der Glaubenssätze, die durch das Wort des Gottessohnes hinfällig geworden sind, und andererseits einen neuen inneren Weg, der allerdings erleichtert wird durch die immer stärkere Durchformung seines ganzen Wesens mit der Lehre Jesu, die ihm die Apostel und die Mutter des Messias in allen Einzelheiten darlegen. Er kommt ja öfters mit ihnen zusammen. Was ihm dieses zweifache Vorgehen ermöglicht, ist die Feststellung, dass der Messias nichts von dem außer Kraft setzt, was wesentlich ist in der Heiligen Schrift. Im Gegenteil, er bestätigt nachdrücklich die göttlichen Gebote, die Prophezeiungen und die

Weisheitsschriften: «*Ich bin nicht gekommen, um aufzu-
heben, sondern um zu erfüllen*», sagte Jesus (Mt 5,17). Die
Apostel wiederholen dem Gamaliel diese Worte jedesmal, wenn er ihnen ein Hindernis nennt, an dem er sich
bei der Anwendung des Gesetzes stößt. Der Begriff des
Neuen und ewigen Bundes bahnt sich seinen Weg in
seinem Geist, langsam aber unbeirrt.

Jahre sind inzwischen vergangen seit dem Tode des
Stephanus. Gamaliel ist ein alter Mann geworden, ein
Weiser, der noch immer von vielen verehrt, aber von den
fanatischsten Pharisäern argwöhnisch beobachtet wird.
Sein Augenlicht hat nachgelassen, so dass er von der
äußeren Welt nur noch schattenhafte Umrisse sieht.
Gleichzeitig aber hat sein neuer Glaube immer mehr an
Festigkeit gewonnen und ist immer klarer geworden.

Eines Tages wird er von einem starken Verlangen
getrieben, die Jungfrau, die Mutter des Messias, wiederzusehen. Er fühlt, dass der Augenblick gekommen ist,
den letzten Schritt zu tun. Zuvor ist ihm aber daran
gelegen, die letzten Schatten, die sich noch in seinem
Geist befinden, zu vertreiben. Bei jeder Begegnung hat
die Jungfrau-Mutter ihm geholfen, viele Einwände zu zerstreuen, die für ihn, den Weisen, einem vollständigen
Anhangen an die neue Lehre entgegen standen.

Wird seine vollständige und unwiderrufliche Bekehrung zu Jesus Christus ihm ein Anrecht auf das ewige
Leben erwerben und wird sie ihm den Frieden und die
heitere Gelassenheit wiedergeben, die durch das lang-
same Eindringen des durch den Sohn Gottes enthüllte
messianische Universum in Verwirrung geraten ist? «Ich
bin bereit, die Taufe zu empfangen. Ich weiß noch nicht,

welche Folgen mein Eintauchen in den Jordan haben wird. Ja, dort, an demselben Ort, wo Jesus den Johannes um die Taufe gebeten hat, wo die Stimme des Vaters im Himmel sich vernehmen ließ und wo der Heilige Geist sichtbar in der Gestalt einer Taube erschienen ist, möchte auch ich die Taufe empfangen.»

Mit ihrer wundervoll sanften Stimme, welche die tiefe innere Bewegung verrät, von der sie ergriffen ist, gibt die Jungfrau-Mutter ihm zu verstehen, dass auch er im Augenblick der Taufe die lichtvolle Erfahrung einer inneren Offenbarung Gottes haben werde. Von da an wird der Heilige Geist in ihm leben. Er wird verwandelt sein in eine Wohnstatt der Allerheiligsten Dreifaltigkeit, denn auch der Vater und sein Sohn werden in ihm wohnen. Sein Leben wird umgewandelt sein durch die Freude und den Frieden Jesu Christi.

Auch Myriam spürt, dass Gamaliel bereit ist, durch die Taufe in das durch ihren Sohn verkündete Gottesreich einzutreten. «Ein letzter Rat, mein lieber Gamaliel», sagt sie zu ihm, «ich spreche zu dir wie eine Mutter. Werde vor dem Herrn wieder wie ein Kind. Jetzt, wo du es fertiggebracht hast, dich von der riesigen Last deiner umfassenden Kenntnis auch der geringsten Details des Gesetzes zu befreien, gehorche dem Herrn, der dir sagt: *"Wer das Gottesreich nicht so annimmt wie ein Kind, der wird nicht hineinkommen"»* (Lk 18,17).

Die Worte der Mutter des Messias beeindrucken den weisen alten Mann zutiefst. Er verlässt sie mit einer bis dahin unbekannten Freude, ein Zeichen, dass durch die Vermittlung von Myriam der Heilige Geist in ihm seine Wohnstatt genommen hat.

Diese in der Wohnung des Gartens von Gethsemani empfangene Begierdetaufe wird einige Tage später durch die Taufe im Wasser des Jordan vollendet. Gamaliel steigt aus dem Wasser empor als ein für immer erneuerter Mensch. Petrus hat Wert darauf gelegt, selbst den Rabbi Gamaliel zu taufen...

Kapitel 39

Verfolgung der Jünger. Myriam folgt Johannes nach Ephesus

Der Tod des Stephanus, die Bekehrung des Gamaliel, zahlreiche Bekehrungen von Juden, der glühende Eifer der Apostel und der Jünger – alles das lässt die Pharisäer und die Mitglieder des Sanhedrin schäumen vor Wut. Ihre Absicht: dieses Gezücht, das systematisch die Thora verrät, alle Jünger dieses Jesus auszurotten, von dem man sagen könnte, dass er tot noch tätiger als lebendig ist.

Inzwischen hat Herodes Agrippa I., der Enkel Herodes des Großen, den Königsthron von Israel bestiegen; er ist am Hofe des Tiberius erzogen worden, wo sein lasterhaftes und skandalöses Leben, bei dem er sich in Schulden gestürzt hatte, eine Umgebung entsetzte, die doch an solche Art von Seitensprüngen schon gewöhnt war. Einer seiner Kumpane bei diesen Orgien war Caligula. Als dieser römischer Kaiser geworden war, ernannte er Herodes Agrippa zum König über das frühere herodianische Königreich.

Kaum ist dieser Wüstling in Jerusalem, da bemüht er sich um das Wohlwollen der Juden. Er erkennt sofort, dass die Verfolgung der Anhänger dieses Jesus von Nazareth dazu hervorragend geeignet ist. So bricht im Jahre 44 in Jerusalem, Judäa und Samaria eine systematische Verfolgung der Jünger des Messias aus.

Deshalb zerstreuen sich die hebräischen und hellenistischen Christen und wandern aus in das gesamte Römische Imperium. So kommt es, dass die von Herodes Agrippa und den unbelehrbaren Feinden Jesu angezettelte Verfolgung das Gegenteil von dem bewirkte, was sie beabsichtigt hatte, nämlich die Ausbreitung des Evangeliums im Römischen Reich und die Bildung christlicher Gemeinden in neuen Gebieten.

Auch Petrus wird festgenommen und ins Gefängnis geworfen. Er wird von einem Trupp einander ablösender Soldaten bewacht und in der Nacht vor seinem Erscheinen vor Gericht von einem Engel befreit. Nun zieht er von Ort zu Ort und verkündet die Frohe Botschaft, bis er schließlich die Stadt Rom betritt.

Herzzerreißender Abschied

Die Mutter Jesu, die seit der Rückkehr des Herrn zu seinem Vater drei Jahre in Jerusalem gelebt und dann drei weitere Jahre in Bethanien bei Lazarus gewohnt hatte, wird in einem Traum gewarnt und dazu aufgefordert, ebenfalls Judäa zu verlassen.

Schon seit einiger Zeit hat Johannes bemerkt, dass sie sehr leidet. Eines Abends wagt er es, sie nach der Ursache zu fragen. Da wirft sie sich dem Apostel zu Füßen, bittet um seinen Segen und küsst ihm die Hand: So groß ist ihre Ehrerbietung gegenüber all denen, seien sie Apostel oder Jünger, die die Vollmacht haben, das Herrenmahl zu zelebrieren und das Brot in den Leib Christi und den Wein in sein Blut zu verwandeln. Sie enthüllt ihm nun den Grund ihrer großen Traurigkeit: «Der Allmächtige hat mir geoffenbart, dass die gegenwärtige Verfolgung lang und blutig sein wird. Der höllische Drache und seine Legionen haben sich zusammengerottet, um die Kirche zu vernichten. Mein Herz ist zu Tode betrübt und von übergroßem Mitleid erfüllt, wenn ich an die Prüfungen denke, die auf meine Kinder zukommen werden.»

Johannes, dem selbst die Verhaftung droht, macht daher seiner Mutter den Vorschlag, sie von Jerusalem weit weg zu bringen, nach Ephesus, wo sich eine kleine Jüngergemeinde befindet. Ehe sie abreisen, unternehmen sie noch ein letztes Mal ihre Freitagswallfahrt und besuchen die geheiligten Orte, wo Jesus den Kreuzweg gegangen ist.

Herzzerreißend ist der Abschied von den Jüngern, die noch in Jerusalem geblieben sind. Myriam wird von allen so sehr geliebt und verehrt, nicht nur als die Mutter Jesu, sondern auch als ihre eigene Mutter. Alle wollen ihr Geschenke und Geld geben; man bietet ihr an, sie im Wagen zum Hafen zu bringen. Sie lehnt es ab, aber mit so viel Takt und Liebenswürdigkeit, dass niemand wegen ihrer Ablehnung gekränkt ist. Auf einem Esel sitzend, wie damals bei ihrer Flucht nach Ägypten, verlässt sie Jerusalem, während Johannes an ihrer Seite geht. Ein Teil ihres Herzens bleibt im Abendmahlssaal zurück

und in Gethsemani, dessen kleines Häuschen sie vor
drei Jahren für Bethanien verlassen hat.

Am Ort der Einschiffung angelangt, erhebt Myriam
angesichts der unermesslichen Weite des Meeres ihre
staunende Seele zum Herrn. Sie segnet das Meer, wobei
sie besonders an die Matrosen denkt, die so oft den
Gefahren der wilden Wellen ausgesetzt sind. Sie segnet
auch die Fische und das ganze unsichtbare Leben in den
salzigen Wassern. So segnet Myriam, unterbrochen,
wie sie es gewohnt ist ... *Wie wunderbar, denn sie allein
ist, mit glühendem Herzen: «Lobe den Herrn, meine Seele,
und vergiss nicht, was er dir Gutes getan hat* (Ps 103,2). *Ich
will den Herrn allezeit preisen; immer sei sein Lob in
meinem Mund!»* (Ps 34,2). Und oft lädt sie die Jünger ein,
den Allmächtigen und alle seine Geschöpfe zu preisen:
«Lobt oft den Herrn im Laufe des Tages, damit erfreut
ihr das Herz Gottes, und ihr tut Gutes an den unsterb-
lichen Seelen, die nach seinem Ebenbild geschaffen sind.»

Myriam wird in Ephesus aufgenommen

Die Schiffsreise ist angenehm. Eines Tages geschieht
etwas Außergewöhnliches, was noch keiner der Matrosen
an Bord jemals beobachtet hat: Ein riesiger Schwarm
von Fischen schwimmt mehrere Stunden lang vor dem
Schiff her. - Sie fahren an Zypern entlang, wo man
Paphos erkennt, dann kommen sie in die Nähe von
Rhodos und in die Ägäis. Am sechsten Tag erblicken sie
Ephesus. Dort wird die Jungfrau-Mutter nun neun lange
Jahre wohnen, nicht in der Stadt selbst, sondern an einem
ruhigen Ort, der dem Gebee zuträglich ist, fünfhundert

Meter von Ephesus entfernt. Ihr Haus, das die Jünger-gemeinde ihr zur Verfügung gestellt hat, ist von frucht-baren Hügeln umgeben; es stehen dort auch viele Bäume; sie haben die Form von Pyramiden und einen glatten Stamm, sie spenden einen erfrischenden Schatten.

Als die Jungfrau-Mutter dort ankommt, ist die Freude der Jünger unbeschreiblich. Sie erobert unverzüglich die Herzen durch ihr Lächeln von so wohltuender Sanftmut, durch ihr Wort, von denen ein jedes einen tiefen Sinn beinhaltet, und durch ihre königliche Haltung. Von ihrer Person geht etwas wie eine undefinierbare Ausstrahlung aus, wie sie niemals bei irgendeiner anderen Person bemerkt worden war. Schon allein ihr Anblick gibt Zeug-nis von der Göttlichkeit ihres Sohnes. Dank ihrer Gegen-wart wird die Gemeinde von Ephesus zehn Jahre des Glücks erleben, das noch vermehrt wird durch die wohl-tuende Gegenwart von Johannes. Jedesmal, wenn der Apostel das Herrenmahl feiert und das Wort an sie rich-tet, fühlen sich alle in eine andere Welt versetzt und verkosten einen Vorgeschmack der ewigen Glückselig-keit. «Welches Glück für unsere Kirche, die Mutter Jesu und den bevorzugten Jünger Christi bei uns zu haben», hört man oft aus dem Mund der Christen von Ephesus. Alle beide bestärken die Jünger in ihrem Glauben, so dass die Gemeinde ein schnelles Wachstum erlebt.

Myriams Haus ist rechteckig. Die Fenster öffnen sich hoch in den Mauern, um die kühle Luft nicht entweichen zu lassen, und auch aus Sorge um die Sicherheit. Ein Wandelgang trennt das Haus in zwei Teile. Rechts und links davon führen Türen zu dem weiter hinten gelege-nen Teil, der schattiger ist. Ein Vorhang trennt einen kleinen Raum ab, den Myriam als Oratorium benutzt. Ein Kreuz in der Form eines Ypsilon, das Johannes hergestellt hat, ist in den Boden eingefügt wie das Kreuz von Golgotha. An jeder Seite steht ein Blumenstrauß, den die Mutter des Gekreuzigten liebevoll zusammengestellt hat.

Um das Haus herum, in der Nähe eines Waldes, befinden sich gut sichtbar die Wohnungen anderer christlicher Familien.

Johannes ist oft abwesend von zu Hause, manchmal wochenlang. Er besucht die christlichen Gemeinden, die sich in der Umgebung angesiedelt haben. Wenn der Apostel zu ihnen kommt, dann bedeutet das für diese Jünger immer einen Trost und eine Stärkung. Viele von ihnen sind vor der Verfolgung des Herodes Agrippa und des Sanhedrin geflohen. Jedesmal, wenn er nach Ephesus zurückkehrt, ist Myriam glücklich wie eine Mutter, die ihr Kind empfängt, wenn es von einer langen Abwesenheit nach Hause kommt.

Johannes ist hochgewachsen, mit wohlgeformten Gesichtszügen, die von langem blondem Haar umgeben sind; er kleidet sich in ein langes, weites Gewand aus leichtem Stoff, von grau-weißer Farbe. Jedesmal, wenn er von einer kurzen oder langen Abwesenheit zurückkommt, geht er mit seiner Mutter in den Gebetsraum; gemeinsam beten sie lange Zeit, und dann zelebriert Johannes das Abendmahl des Herrn. Zusammen gehen sie den Kreuzweg, den sie den Abhang des Berges entlang errichtet haben, und so schaffen sie neu an diesem Ort den Weg von Gethsemani nach Golgotha. Oft kommen andere Jünger dazu.

Kapitel 40

Myriam kehrt
nach Jerusalem zurück

Nachdem Myriam drei Jahre in Ephesus gelebt hatte, wird sie von einer großen Sehnsucht ergriffen, nach Jerusalem zurückzukehren, um die Stätten des Leidens und der Verherrlichung ihres Sohnes wiederzusehen. Der Heilige Geist war es, der ihr dieses Verlangen eingegeben hat, weil gerade in Jerusalem das wichtigste Ereignis seit dem Pfingstfest stattfinden sollte.

Während dieses ersten Aufenthaltes in Jerusalem seit ihrer Abreise nach Ephesus findet nämlich die große Versammlung der Apostel und der Jünger statt, die man später das Konzil von Jerusalem nennen wird. Petrus war kurz zuvor in Ephesus gewesen; er hatte ja von dem raschen Wachstum der dortigen Gemeinde gehört und legte Wert darauf, sich selbst davon zu überzeugen. Myriam tritt also die Reise in Begleitung von Petrus und Johannes an; es geht wieder über das Meer.

Als sie in Jerusalem angekommen sind, und noch ehe die Mutter des Messias mit den Aposteln und den Jüngern Kontakt aufgenommen hat, begibt sie sich, immer in Begleitung von Petrus und Johannes, zum

Ölberg, nach Golgotha, zum leeren Grab und nach Gethsemani. Die Abenddämmerung senkt sich auf die Heilige Stadt nieder, und die Seele der Jungfrau-Mutter ist so von Betrübnis erfüllt, dass die beiden Apostel sie stützen müssen.

Während die heimlich versammelten Mitglieder des Konzils über die grundlegende Frage diskutieren, ob sich nämlich die Christen griechischen Ursprungs den jüdischen Gebräuchen anzugleichen und sich unter anderem der Beschneidung zu unterwerfen hätten, hat sich die Mutter Jesu an einen einsamen Ort zurückgezogen, um in glühendem Gebet ihren Sohn und den Heiligen Geist anzuflehen, den Mitgliedern des Konzils in ihren Entscheidungen beizustehen.

Dieses Konzil findet im Jahre 49 statt. Saulus, der etwa zehn Jahre zuvor durch das Wunder auf dem Weg nach Damaskus zu Paulus geworden war, ist jetzt eine der tragenden Säulen der jungen Kirche geworden. Zusammen mit Petrus spielt er eine wichtige Rolle in den Entscheidungen des Konzils und dem Ausgang desselben: *«Ihr seid alle durch den Glauben Söhne Gottes in Jesus Christus. Ja, ihr alle, die ihr in Christus getauft worden seid, ihr habt Christus angezogen. Es gibt jetzt nicht mehr Juden und Griechen, nicht Freie noch Sklaven, nicht Mann oder Frau, denn ihr seid alle eins in Jesus Christus»*, wird Paulus in seinem Brief an die Galater schreiben, wo er die Ereignisse des Konzils berichtet. Vor den Mitgliedern des Konzils hat er das gleiche gesagt. Sein Standpunkt, durch die Intervention des Petrus bestärkt, trägt letztlich den Sieg davon.

Die Begegnung Myriams mit den Aposteln

Bei dieser Gelegenheit begegnet die Jungfrau-Mutter auch Paulus, dem neuen Apostel, einem feurigen Geist, dessen Jesus sich bedient als seines Werkzeugs für die Ausbreitung der Frohen Botschaft unter den Heiden. Das Gespräch ist von Ehrerbietung geprägt, manchmal sogar von Herzlichkeit und Wärme, wenn Myriam einige Erinnerungen aus der Kindheit Jesu erwähnt oder wenn sie ihm bestätigt, dass ihr Sohn gekommen ist, um allen Menschen das Heil zu bringen. Selbst gegenüber der Mutter Jesu kann sich Paulus nicht von der übergroßen Zurückhaltung gegenüber Frauen befreien, ganz gleich, wer sie sind. Immerhin erobert er Myriams Herz durch sein bahnbrechendes Wort, das sichtbar vom Geiste Jesu inspiriert ist, durch seinen unvergleichlichen Eifer im Dienste des Messias, sein glühendes Verlangen, im ganzen Römischen Reich das vom Gottessohn ausgehende Heil zu verkünden. Was hat im Vergleich dazu seine unverhohlene Abneigung gegenüber den Frauen schon zu bedeuten? Oder vielmehr, die Auffassung einer seit Jesus überwundenen Epoche, welche die Frau nur als gehorsame und schweigende Dienerin sieht. Wenn Paulus Jesus gekannt hätte, dann würde er seine Ansicht geändert haben.

Die Begegnung mit der Mutter des Herrn, die so würdig, ausstrahlend, sanft und bescheiden ist, hat immerhin einigen Einfluss auf ihn ausgeübt, wenn er auch die außergewöhnliche Hochachtung, deren sie sich in seinen Augen erfreut, nur den einzigartigen Gnaden zuschreibt, die ihr gewährt wurden, um würdig zu werden,

in ihrem Schoss den Messias Israels und der Heiden-
völker zu tragen.

In Jerusalem hat Myriam viele Begegnungen mit den
Aposteln. Alle erweisen ihr liebevolle Zuneigung und eine
tiefe Dankbarkeit. Andreas, ein aufrechter und großmü-
tiger Charakter, ist aus Achaia gekommen, wo viele Wunder seinen Spuren gefolgt sind, sogar die Auferweckung
eines Kindes in Nikomedien. Jakobus der Ältere, groß
und athletisch, von ernster und in sich ruhender Natur,
hat in Spanien das Evangelium gepredigt und ist über
Rom nach Jerusalem gekommen. Die Mutter Jesu offenbart ihm, dass er bald in Jerusalem das Martyrium erleiden werde. Sie empfindet eine große, zärtliche Zuneigung
zu ihm, nicht nur, weil er, ein Fischer aus Kafarnaum,
der Bruder des Johannes ist, sondern auch, weil er von
glühendem Eifer ist, ein «Donnersohn», wie Jesus ihn
genannt hat, und ganz besonders, weil Jesus ihn zusammen mit Petrus und Johannes erwählt hat, um bei seiner
Verklärung auf dem Berge Tabor dabei zu sein.

Kurz nach seiner Begegnung mit der Mutter Jesu
lässt Herodes Agrippa ihn festnehmen, ins Gefängnis
werfen und öffentlich hinrichten. So ist er der erste
Apostel, der das Martyrium erleidet.

In Jerusalem trifft die Mutter Jesu auch Bartholomäus,
der aus Kana stammt. Aus dem fernen Mesopotamien ist
er gekommen, um beim Konzil dabei zu sein. Er ist ein
früherer Essener, von schöner Gestalt, mit hoher Stirn,
gelocktem schwarzen Haar und sprossendem Bart; er
bewegt sich mit großer Gelassenheit und ist von vorneh-
mer Gesinnung. Immer tätig, wie es auch Jesus war, hat
er in Abessinien das Evangelium verkündet und viele

Wunder gewirkt. Der König hat sich bekehrt und wurde von ihm getauft. Er berichtet der Jungfrau-Mutter von all den wunderbaren Dingen während seines Apostolates, und sie hört mit großer innerer Bewegung, was der Heilige Geist durch die Vermittlung der Diener des Herrn gewirkt hat bei der Eroberung der Menschen zur heiligen Freiheit der Kinder Gottes.

Myriam begegnet auch mit großer Freude dem Apostel Thomas, der von seinem Unglauben geheilt ist. Anfangs wollte er ja nur glauben, was er mit seinen Augen sehen und mit seiner Hand berühren konnte. Seit der Himmelfahrt des Herrn hat er nur noch eine Leidenschaft: taufen, taufen und nochmals taufen, um auf diese Weise Jesus viele Seelen zuzuführen. Er kommt gerade von der Arabischen Halbinsel, wo er den König Abgar bekehrt hat, nachdem er ihm vorher die Hände aufgelegt und ihn von der Lepra geheilt hatte. In den Bergen von Cedar hat Thomas ganze Dörfer getauft, da er die Menschen durch sein lebensvolles Wort und seine Leutseligkeit für das Evangelium gewonnen hatte.

Die Jungfrau-Mutter bestärkt und ermutigt auch alle anderen Apostel, die auf dem Konzil versammelt sind. Alle sind durch einen Traum eingeladen worden, sich nach Jerusalem zu begeben; manche kamen von weit her. Nach dem Konzil kehrt sie mit Johannes nach Ephesus zurück, wo sie wieder das gleiche Leben aufnimmt.

Mehrere Jahre später wird sie wieder von dem lebhaften Verlangen beseelt, noch einmal nach Jerusalem zurückzukehren, um dort die heiligen Orte zu besuchen und den Kreuzweg zu gehen. Jedesmal, wenn sie diesen

Weg voller Schmerzen geht, sowohl in Ephesus wie auch in Jerusalem, trägt sie dasselbe Gewand, das sie bei der Kreuzigung des Herrn getragen hatte.

Kapitel 41

Tod der Gottesmutter und ihre Aufnahme in den Himmel

Eineinhalb Jahre vor ihrem Tod kommt Myriam wieder von Ephesus nach Jerusalem. Es wird für sie eine Zeit der Prüfungen sein. Jedesmal, wenn sie die heiligen Orte besucht, fühlt sie sich in eine unsagbare Traurigkeit versetzt. Man könnte sagen, dass sie, je mehr die Zeit verstreicht, um so grausamer den Schmerz bei der Erinnerung an den Weg des Schmerzensmannes nach Golgotha empfindet. Als sie an der Pforte des Palastes angekommen ist, wo Jesus unter der Last des Kreuzes hingefallen war, fällt sie selbst zur Erde und verliert das Bewusstsein. Man muss sie in ihr Zimmer im Haus des Abendmahlssaals bringen. Dort wohnt sie während ihres Aufenthaltes in Jerusalem. Sie ist so schwach, dass die Jünger ganz erschüttert sind und schon denken, dass die Stunde ihres Todes sich genaht hat. Mehrere von ihnen treffen bereits Vorbereitungen, um ihr ein Grab herzurichten. Ehe aber der Ort für das Begräbnis fertig vorbereitet ist, wird Myriam sichtbar wiederhergestellt. Ihre Rekonvaleszenz dauert einen Monat lang.

Johannes und sie beschließen nun, nach Ephesus zurückzukehren. Sie fühlt sich mit diesem Ort verbunden. Nirgendwo anders kann sie eine solche Ruhe finden wie an diesem Ort. Sie braucht diese Ruhe für ihr gesammeltes Gebet, denn sie betet ohne Unterlass. Tag und Nacht erhebt sich ihre Seele zum Vater und zum Sohn – ihrem Sohn, während in ihrem Herzen ununterbrochen die leise Stimme des Heiligen Geistes ertönt: «Abba!», abwechselnd mit dem Namen ihres Sohnes «Jesus!», den sie in einem Seufzer ausspricht, der ihre immer sehnsüchtigere Erwartung zum Ausdruck bringt, für immer mit ihm vereinigt zu sein.

Kurz vor ihrem Tod in Ephesus betet Myriam noch einmal den Kreuzweg und steigt in der Nähe ihrer Wohnung den Abhang hinauf. Sie wird von fünf anderen Frauen begleitet, unter ihnen ist die Nichte der Prophetin Anna, die ebenfalls Anna heißt, wie auch eine Nichte von Elisabeth. Beide wollten sich in Ephesus niederlassen, in der Nähe der Mutter Jesu, wegen der großen Liebe zu ihr, die sie seit ihrer Kindheit empfinden und die ihr ganzes Leben erfüllt hat. Ungeachtet ihres Alters – Myriam ist fünfundsiebzig Jahre – ist das Antlitz der Jungfrau-Mutter ohne Falten und ohne die sonst unausweichlichen Veränderungen, die das Alter mit sich bringt. Die von ihrer Person ausstrahlende Sanftmut ist für alle, die mit ihr zusammenkommen, noch fühlbarer geworden. Wenn sie auch niemals lacht, so erlischt doch das wundervolle Lächeln nur selten auf ihrem Antlitz, dieses Lächeln, das die Reinheit, den Adel und die lichtvolle Schönheit ausstrahlt, die sie seit jeher geprägt haben.

Das Herannahen des Todes

Die Mutter Jesu wird immer gesammelter und schweigsamer, während nun der Tag sich nähert, da sie im Herzen des Vaters für immer mit ihm vereinigt sein wird. Sie, die ganz Reine, hat den Wunsch geäußert, genau wie ihr Sohn den irdischen Tod zu kennen, obwohl sie durch ihr Privileg als Unbefleckt Empfangene dem allgemeinen Los der Sterblichen nicht unterworfen war. Nun ist der Tag des Todes gekommen. Überall, wo die Apostel und die nächsten Jünger sich befinden, sind sie durch einen Traum benachrichtigt worden, dass der Übergang derer, die sie wie ihre eigene Mutter lieben, in eine andere Welt bevorsteht. Überall fließen Tränen. Schmerz und Dankbarkeit sind miteinander vermischt, in Jerusalem und Antiochien, in Rom und Alexandrien, sogar mitten in Indien, wo Thomas sich befindet, während Simon und Thaddäus in Persien sind.

Überall versenken sich die Apostel und Jünger ins Gebet und in die Betrachtung des Mysteriums Gottes, der durch die Jungfrau-Mutter Mensch geworden ist. In schmerzvoller Sammlung wird überall das Abendmahl des Herrn zelebriert, in Vereinigung mit der Sterbenden.

Auch in Ephesus, in dem Haus, wo sie wohnt, zelebriert Johannes das Heilige Abendmahl. Er reicht der Jungfrau den Leib Christi, in deren Schoss dieser Leib gebildet worden war. Sie überlässt sich einer langen Danksagung, die sich auf ihrem Antlitz widerspiegelt; es ist ganz hell und leuchtend geworden. Man könnte sagen, dass die letzten Lebensfunken noch einmal aufleuchten und dieses schöne Antlitz verklären, das vorher so bleich war, ehe sie den Leib Christi empfangen hatte.

Da sie nun ihr Ende ganz nahe bevorstehen fühlt, vertraut sie Johannes, ihrem Kind, ihre letzten Wünsche an. Dann bittet sie ihn nochmals um seinen Segen, und auch sie segnet ihn. Nun kommen alle, die sich im Hause und in der Nähe befinden, herbei und nähern sich nacheinander dem niedrigen Lager, auf dem die Sterbende ausgestreckt ist. Jeder empfängt den Segen der Mutter des Herrn. Wenn sie auch äußerst geschwächt ist, so sammelt sie doch in einer letzten Anstrengung die ihr noch verbliebenen Kräfte und bittet die Anwesenden, den Worten Jesu und der Frohen Botschaft immer treu zu bleiben, da dies der einzige Weg ist, um auf Erden glücklich zu sein. «Möge Gott euch bewahren und segnen, bis zu dem Tage, da wir uns bei ihm wiederfinden werden», flüstert sie mit kaum wahrnehmbarer Stimme in dem wehmütigen Schweigen, das im Zimmer herrscht.

Dann hört man noch, wie sie mit unendlich sanfter Stimme die Namen «Abba, Jesus!» ausspricht. Und dann entschläft sie in einem Aufschwung der Liebe, in welchem man den Namen dessen vernimmt, der seit ihrer Unbefleckten Empfängnis in ihrem Herzen wohnt: «Heiliger Geist!» Nun eine leichte Bewegung ihres Hauptes: Die Mutter Jesu ist dem Allerhöchsten begegnet, dem Vater im Himmel und seinem Sohn.

In dem Sterbezimmer und in den anderen Räumen hört man nun lautes Weinen, das bis dahin unterdrückt worden war. Es gibt Zeugnis von der unermesslichen Liebe, von der sie umgeben war. Die Liebe, mit der sie für immer von einer stets wachsenden Schar von Kindern, den Brüdern und Schwestern Jesu, umgeben sein wird.

Tag und Nacht halten die Vertrauten Myriams und die Christen von Ephesus Wache bei ihrem toten Leib; sie sind herbeigeeilt, sobald sie von dem Tode derer, die der Welt den Sohn Gottes geschenkt hat, benachrichtigt worden sind. Die Tränen, die neben ihrem leblosen Körper vergossen werden, zeugen von der glühenden Liebe, die jeder Jünger für sie empfindet. Eine Liebe, die auch sie ganz erfüllte und die sie dem himmlischen Vater aufopferte, von dem alle Liebe kommt und zu dem alle Liebe zurückkehrt.

Johannes trägt ein Gefäß mit Salbe und bezeichnet damit die Stirn und die Hände seiner Mutter. Nun kommen die gottesfürchtigen Frauen, um die traditionelle Salbung der Toten vorzunehmen. Dann hüllen sie sie in ein Grabtuch ein, das sie fest um den Körper winden, so wie man ein kleines Kind wickelt. Nur das Antlitz mit den friedvollen Zügen, die noch wie strahlend sind, wird sichtbar gelassen und mit Myrrhensträußchen umgeben. Dann legen sie den Leib auf eine Bahre, die wie ein schmales Ruhebett aussieht. Rund um die Tote stellen sie Sträuße weißer, roter und blauer Blumen auf, den Farben der Reinheit.

Alle wollen noch lange das vielgeliebte Antlitz der Mutter des Messias, des Gottessohnes, betrachten. Jeder bleibt lange stehen, als wollte man die noch im Tode in großer Schönheit erstrahlenden zarten und leuchtenden Züge fest ins Gedächtnis aufnehmen. Ununterbrochen ertönt lautes Weinen im Sterbezimmer. Jeder drückt, ehe er sich entfernt, einen Kuss auf die gefalteten Hände der Jungfrau-Mutter.

Die Grablegung

Unterdessen sind die Christen dabei, das Grab vorzubereiten. Der dazu erwählte Ort befindet sich am Ende des Kreuzweges, den Johannes und die Jünger Jesu aus Ephesus errichtet haben. Die Wahl dieser Stelle soll ein Symbol sein für das heilige Grab in Jerusalem.

Bei der Abenddämmerung macht sich der Leichenzug auf den Weg. Als der Sarg geschlossen wird, ertönen herzzerreißende Schreie unter dem Himmel von Ephesus. Dann macht der Zug sich auf den Weg. Man musste durch das Los die Namen der Träger bestimmen, so groß war das Verlangen, mit diesem Dienst beehrt zu werden. Alle Christen aus der Gegend, kleine und große, haben sich dem Zug angeschlossen, der sich den Abhang emporwindet, der gegenüber der Wohnung der Mutter Jesu Christi liegt.

Als die Träger am Eingang der Grabeshöhle angekommen sind, stellen sie den Sarg auf die Erde. Vier andere Männer heben ihn wieder auf und tragen ihn in das Innere des Grabgewölbes. Beim Schein der Fackeln erhebt sich aufs neue lautes Weinen zum nächtlichen Himmel. Gleichzeitig ertönen die rituellen Trauergesänge. Dann fangen alle Anwesenden an, die Gebete für die Verstorbenen zu rezitieren und abwechselnd Trauerpsalmen und solche der Hoffnung zu singen.

Schließlich beginnen die Teilnehmer sich zu zerstreuen, zuerst die Mütter mit kleinen Kindern. Der Vollmond beleuchtet den Weg, und Sternschnuppen durchqueren den Himmel. Manche der Gläubigen aber bleiben die ganze Nacht beim Grabe, um zu beten.

Über der Grabstätte leuchtet ein geheimnisvolles Licht, das von denen gesehen wird, die in die Ebene gehen, um zu ihren Häusern zu gelangen...

Das Grab ist leer!

Der Apostel Johannes, die frommen Frauen und die eifrigsten unter den Ephesern bleiben noch dort und stimmen Trauergesänge an. Und siehe da, ganz plötzlich, in der Stunde, da am Horizont ganz schwach das Morgenrot zu leuchten beginnt, erscheint im Osten eine Leuchtspur, die sich langsam auf das Grab der Allerseligsten Jungfrau und Gottesmutter herniedersenkt. Lichtvolle Gestalten lassen sich darin erkennen; es sind zweifellos Engel und Seelen in der Glückseligkeit. Aber statt erschrocken zu sein, erfüllt diese himmlische Vision das Herz des Johannes mit Freude, wie auch die Herzen all derer, die darauf bestanden haben, die Nacht im Gebet beim Grabe zu verbringen. Dann sehen sie mit immer größerem Staunen, wie die Seele der Allerseligsten Jungfrau, begleitet vom Messias in Herrlichkeit, sich von der Lichtspur löst und in das Grab eindringt, wo sie sich mit ihrem verklärten Leib vereinigt.

Johannes und die Gruppe der mit ihm Betenden fallen auf die Knie und neigen sich mit der Stirn bis zur Erde; denn die Szene, die sich vor ihren Augen abspielt, bekundet machtvoll die Größe und Herrlichkeit des himmlischen Jerusalem, das an diesem geweihten Orte erschienen ist.

* * *

Der Tod eines jeden Menschen ist der Schlusspunkt seines irdischen Lebens. So ist es für alle, außer bei Myriam, der Mutter Jesu. Als der Herr am Kreuz ihre allgemeine Mutterschaft für alle Menschen eingesetzt hat, hat er ihr damit eine Sendung anvertraut, die sie von da an ausgeübt hat und noch ausüben wird bis zum Ende der Zeit: über die Jünger zu wachen, ganz besonders über diejenigen, die, wie der Apostel Johannes, eine besondere Liebe zu ihr empfinden.

Wo ist der Platz einer Mutter, besonders dann, wenn ihren Kindern eine Gefahr droht? Natürlich in ihrer Nähe, mitten unter ihnen.

Das ist der hauptsächliche Grund der unzähligen Erscheinungen der Jungfrau-Mutter auf der Erde, vor allem in unserer Zeit, wo die Menschen von Gefahren bedroht sind, wie es sie niemals zuvor gegeben hat: von der Atombombe bis zur Missachtung des menschlichen Lebens, dem Abbild des Lebens Gottes. Sie kommt ihre Kinder besuchen, um sie zu trösten, zu ermutigen, zu warnen und sie immer wieder an die von ihrem Sohn verkündeten Wahrheiten im Evangelium zu erinnern. Sie wiederholt sie, wie eine Mutter es tut, wenn sie ihren Kleinen unermüdlich immer wieder die gleichen Dinge sagt.

Unsere himmlische Mutter ist hier, bei uns. So ist es in der Ordnung der Dinge. Das ist das ewige Wunder des mütterlichen Herzens, dieses vollkommenen Abbildes von Gottes Herz. Schmiegen wir uns eng an das Herz der Mutter Jesu, unserer Mutter, denn von diesem Herzen geht eine solche Zärtlichkeit und Liebenswürdigkeit aus, dass all die vielen Jünger davon ganz erfüllt werden, besonders jedoch die marianischen Seelen.

Myriam, die Mutter Jesu: der kürzeste Weg, der zum Herrn führt. **Ein Weg des Glücks.** Für sie und für uns.

(Vollendet am 7. März 2001)
René Lejeune

Anhang[6]

Von der Erfahrung in meiner Familie ausgehend ist es mir möglich, die Vaterschaft Josephs besser zu verstehen.

Außer den acht leiblichen Kindern, die der Schöpfer uns geschenkt hat, haben wir in Brasilien zwei Kinder aus einem Elendsviertel adoptiert. Sie waren verlassen, unterernährt und lebten in unbeschreiblichen Verhältnissen. Meine Frau, die dort eine Krankenstation eröffnet hatte, wurde vom Herrn dadurch belohnt, dass er uns zwei Kinder schenkte, um sie zu lieben, zu erziehen und für das Evangelium zu öffnen. Sie sind vollständig in die Familie integriert. Gemeinsam bilden unsere zehn Kinder eine liebende und einige «Fraternität». Wir, die Eltern, sind Vater und Mutter aller zehn, ohne den geringsten Unterschied.

Als diese beiden Kleinen ihre schönen dunklen und lebensprühenden Augen zu mir erhoben und «Papa» zu mir sagten, da fühlte ich in meinem Herzen ein wundersames und nie gekanntes Gefühl authentischer Vaterschaft aufsteigen. Da dachte ich oft an Joseph von

---

6. Bezieht sich auf Seite 53 im Manuskript

Nazareth und an Jesus, der ihn auch seinen Vater nannte, ohne dass er es der Natur nach gewesen war.

Im Lauf der Jahre verstand ich immer mehr, dass jede Vaterschaft, sowohl die leibliche wie auch die geistige, aus unendlich vielen «zarten und feinen» Banden der Liebe gewebt ist: ein Kuss, den man einem Kind in seinem Bettchen gibt; ein Wort des Dankes, das spontan aus seinem kleinen Munde kommt; ein mit einem fieberkranken Kind geteilter Schmerz, der strahlende Blick des Kindes, das Jahr für Jahr unter den Freudenrufen der Familie seine Geburtstagskerzen ausbläst; die liebevoll getrockneten Tränen des Kleinen, das sich verletzt hat, weil es hingefallen ist; die ersten inneren Unruhen, die man im Herzen des Heranwachsenden errät; und wenn er erwachsen wird, sein Eintritt in den Lebenskampf. Kurz, unzählbar sind die Schläge des Herzens im Rhythmus der Liebe. Herzen, die geeint sind durch miteinander geteilte Freuden und Leiden, Sorgen sowie großes und kleines Glück.

Ich habe schließlich verstanden, dass meine Vaterschaft, dieses innige vertraute Verhältnis zu Louis und Ghislaine, ebenso authentisch ist wie das, das mich mit den anderen Kindern verbindet. Und ebenso authentisch wie die des Joseph von Nazareth mit seinem unvergleichlichen Verantwortungsbewusstsein im täglichen innigen Zusammensein mit Jesus. Eine immerwährende Vaterschaft, gewebt aus unzählbaren zarten und feinen Fäden wie die kleinen weißen Wolken, die über dem blauen Himmel von Nazareth schweben.

Ein wunderbarer Aspekt: diese irdischen Vaterschaften strahlen intensiv die einzige Vaterschaft Gottes, des

Vaters, aus, «*von dem alle Vaterschaft stammt, im Himmel und auf der Erde*» (Eph 3,15). Joseph aber repräsentierte unmittelbar den Vater im Himmel bei Jesus, Myriams Sohn.

Kurze Lebensbeschreibungen

Maria von Agreda (1602 - 1665)

Als Franziskanerin Maria von Jesus; spanische Äbtissin. Ihre Visionen bezogen sich auf das Leben der Allerseligsten Jungfrau Maria. Ratgeberin des Königs Philipp IV. (1605 - 1665).

Anna Katharina Emmerich (1774 - 1824)

Deutsche Augustinernonne, stigmatisiert. Bettlägerig ab 1811, war ihr Leben von Leiden und Prüfungen geprägt. Ihre Visionen wurden von dem Schriftsteller Clemens von Brentano nach den Berichten der Ordensfrau aufgezeichnet.

Maria Valtorta (1897 - 1961)

Von 1943 an, nach zehnjähriger Krankheit und leidvollen Erfahrungen, schreibt Maria Valtorta, an ihr Schmerzenslager gefesselt, auf Anweisung ihres Seelenführers ihre Autobiographie und zehn Bände des «Evangeliums, wie es mir geoffenbart worden ist». Dieses Werk enthält wissenswerte und hinreißende Darstellungen des Lebens Jesu.

Consuelo

Eine Familienmutter, die in Spanien lebt. Sie hat das Privileg innerer Ansprachen, die die Gedanken und Wünsche der Allerseligsten Jungfrau Maria zum Ausdruck bringen. Es handelt sich um eine Art biblischer Katechese, deren Hauptthema das Leben Christi und der Allerseligsten Jungfrau ist.

Inhaltsverzeichnis

1. Myriams Geburt 7
2. Myriam, die Tempeljungfrau 13
3. Auf Anweisung des Himmels: die Heirat 18
4. Die Hochzeit in Jerusalem 24
5. Die Verkündigung 30
6. «Hoch preiset meine Seele den Herrn» 34
7. Der grausamste aller Schmerzen 42
8. Die Erwartung des Kindes 46
9. Zurück nach Nazareth 67
10. Die Flucht nach Ägypten 70
11. Rückkehr nach Nazareth 75
12. Jesus bei den Schriftgelehrten 84
13. Lichtstrahlen in einem langen Schweigen 87
14. Die letzten Jahre des heiligen Joseph 90
15. Myriam allein mit ihrem Sohn 97
16. Abschied von Nazareth und Beginn des
    österlichen Weges 102
17. Jesus tritt in das öffentliche Leben ein 106
18. Erste Reaktionen auf dem messianischen Weg 109
19. Jesu Fasten und die Versuchung in der Wüste 113
20. Neue Werte für eine neue Welt 118
21. Die Mutter Jesu und die zwölf Apostel 124
22. Der Eifer für Dein Haus verzehrt mich (Ps 69,10) 128
23. Der Werdegang eines Jüngers 132

24. Der Tod des Vorläufers 135

25. Jesus, seine Mutter und Johannes 138

26. Jesus auf seiner weiteren Wanderung
    durch Galiläa 142

27. Zwischen Freude und Leid 146

28. Petrus, Jakobus und Johannes, wie Mose... 151

29. Myriam begleitet Jesus zum Laubhüttenfest 156

30. Das so überaus wankelmütige Volk 166

31. Ein unsicherer Triumph ohne Zukunft 171

32. Die drei Tage vor der Passion 178

33. Von Gethsemani bis zur Verurteilung 187

34. Durch die «Via dolorosa» nach Golgotha 194

35. Tag der Freude! Jesus ist auferstanden! 200

36. Jesus erscheint seiner Mutter 206

37. Der Geist des Feuers senkt sich nieder auf die
    Jungfrau-Mutter und die zwölf Apostel 211

38. Das Martyrium des Stephanus 221

39. Verfolgung der Jünger.
    Myriam folgt Johannes nach Ephesus 229

40. Myriam kehrt nach Jerusalem zurück 235

41. Tod der Gottesmutter und ihre Aufnahme
    in den Himmel 241

    Anhang 250

    Kurze Lebensbeschreibungen 253